KB199527

피지컬 코치

축구시장의 판을 바꿔라

MZ세대 프로축구 지도자의 Change Up Training!

피지컬 코치, 축구시장의 판을 바꿔라

초판 1쇄 인쇄 2023년 8월 9일
초판 1쇄 발행 2023년 8월 14일

지은이 손동민

발행인 백유미 조영석

발행처 (주)라온아시아
주소 서울특별시 방배로 180 스파크플러스 3F

등록 2016년 7월 5일 제 2016-000141호
전화 070-7600-8230   **팩스** 070-4754-2473

값 17,000원
ISBN 979-11-6958-074-8 (13690)

라온북은 독자 여러분의 소중한 원고를 기다리고 있습니다. (raonbook@raonasia.co.kr)

MZ세대 프로축구 지도자의
Change Up Training!

피지컬 코치

축구시장의 판을 바꿔라

6학년 때 브라질로 축구 유학을 떠난 꼬마,
20대 유일의 K-리그 1 피지컬 코치가 되다!

RAON
BOOK

현대 축구의 흐름은 시간과 공간이 없어지고 그로 인해 압박이 강해졌다. 그래서 선수들의 피지컬 훈련의 중요성이 더욱 중요해 졌다. 이 책은 피지컬 코치의 삶도 있지만 저자의 선수시절 및 여러 경험담도 들어있어 지루하지 않게 다가온다. 축구 선수를 꿈꾸고 있는 청소년들이 많이 읽었으면 좋겠다.

김광석
울산현대 청운중학교 여자축구부 감독 및
한국여자축구연맹 이사 겸 기술위원

2010년 남아공월드컵대회를 심판으로서 경험한 바, FIFA에서 체계적인 심판 체력관리를 해줬다. 그때부터 FIFA를 비롯한 유럽의 피지컬 코치에 대한 존재를 알고 중요성을 깨달았다. 내가 보고 느낀 것을 손동민 코치에게 전달해줬는데, 전문화된 피지컬 코칭에 대해 재빠르게 인지하고 방향성을 잡아갔다. 이 책을 통해 많은 MZ세대 혹은 모든 축구선수 그리고 지도자들이 트렌드를 알고 방향성을 잡아가는 데 많은 도움이 될 것이다.

정해상
전 남아공 월드컵 국제심판

MZ 세대인 손동민 피지컬 코치가 겪은 파란만장한 자전적 성장기가 흥미롭습니다. 특히, 전문 프로선수 경력 대신 선택한 프로선수들의 체력 관리는 물론, 팀 내 소통을 책임지는 피지컬 코치로서 제2의 인생을 살아가게 된 동기가 인상적입니다. 저는 손동민 코치가 2022 시즌 첫 프로팀 경력을 시작한 〈안산 그리너스FC〉에서 팀 주치의로 함께 일한 적이 있습니다. 이 책에서 당시 손동민 코치가 프로팀 1년 차 코치로서 보여줬던 고민과 열정을 그대로 느낄 수 있었습니다. 무엇보다 20대 젊은 코치의 날카롭고 거침없는 시각으로 평가한 축구 피지컬 코치가 갖춰야 할 역량이 인상적입니다. 또, 향후 대한민국 축구 산업에서 피지컬 코치 직군에 관한 자신만의 전망은 피지컬 코치를 꿈꾸는 젊은 지도자들이 나아갈 방향을 제시할 것입니다.

정태석
대한피지컬축구코치협회 (KFPF) 회장
스피크 재활의학과/하이-퍼포먼스센터 대표

스포츠과학을 전공하면서 축구 피지컬 코치를 꿈꾸는 학생들에게 전문가의 소중한 경험을 단계별로 들려주고 싶었음에도 불구하고 많은 제한점으로 늘 안타까웠다. 하지만, 이제는 아쉬움으로 끝나지 않을 것 같다. 손동민 코치의 인생이 그랬듯이, 책 페이지 마다 깊은 노력과 정성이 담겨 있다. 어쩌면 이 책의 출판은 국내 축구 피지컬 트레이닝 분야가 한 단계 발전하는 도약인지도 모른다. 많이 읽혀지고 사용되기를 진심으로 바란다.

김주영
서원대학교 헬스케어운동학과 교수

세상을 살면서 누군가의 이야기를 듣고 받아들인다는 건 쉬운 일이 아닙니다. 그러나 이야기를 하는 분이 누구보다 열심히 사는 사람이라면 그 사람의 이야기에 귀를 기울이게 되는 것 같습니다. 제가 아는 축구인 중에 가장 치열하게 노력하는 손동민 코치의 이야기라면 독자 여러분들께 소중한 가치들을 전달할 수 있다고 생각합니다.

권정혁

(주) 스포잇 대표, 전 K-리그 축구선수

오랜 프로 선수 생활과 월드컵 등 세계적인 수준의 축구를 경험하며 피지컬에 중요성에 대해 인지를 했고, 지도자가 된 지금도 강조를 하고 있다. 손동민 코치의 함께 일하며 느꼈던 다양한 경험과 열정이 이 책에 고스란히 녹여져 있다. 지도자를 꿈꾸거나 축구를 사랑하는 사람들의 필독 도서이다. 한국 축구도 이제는 체계적이고 전문성 있는 지도자들이 많이 생기를 기원하며 응원하는 바이다.

김정우

전 대한민국 국가대표 축구선수

전 안산 그리너스 FC 수석 코치

준비된 MZ 지도자의 이야기. 축구와 운동을 사랑하는 사람들 이라면 누구에게나 추천. (PS. 후배지만 언제나 손 코치를 존경하고 존중해! 거침없는 너의 도전을 늘 응원하고 나는 우리가 다시 만나서 함께 할 날들을 기다리는 게 설렌다네. 너에게서 많이 배웠고 앞으로도 많이 배워나가도록 하겠네.)

신화용

수원 삼성 블루윙즈 축구단 GK 코치

전 K-리그 축구선수

Futebol é a coisa séria e precisa ser tratado com muito respeito. Por isso, precisa ser discutido por pessoas que realmente tenham paixão e dedicação pela profissão.

Parabéns pelo livro meu grande amigo! Continue a trilhar o seu caminho com muita honestidade e humildade e nunca se esqueça disso. Há três caminhos para o fracasso: não ensinar o que se sabe, não praticar o que se ensina, e não perguntar o que se ignora. Sucesso sempre.

"축구란 매우 진지하고 많은 존중을 하며 논의가 필요한 것 입니다. 그래서 그 직업에 있어서 열정과 헌신을 가진 사람들에 의해 논의되어야 합니다. 나의 멋진 친구의 책을 축하합니다! 많은 겸손과 정직을 갖고 당신의 길을 걸어가며 절대 잊지마세요. 실패의 길에 3가지가 있습니다. 아는 것을 가르치지 않는 것, 가르치는 것을 연습하지 않는 것, 모르는 것을 묻지 않는 것. 항상 성공을 기원합니다."

Guilherme Rondon
포항 스틸러스 축구단 피지컬 코치, 브라질 출신

이 책은 놀랍도록 흥미진진하게 구성되어 있습니다. 책을 읽는 동안 시간이 가는 줄 모르고, 내용에 완전히 빠져들었습니다. 특히, 손동민 코치의 노력과 열정이 돋보이는데, 축구 현장의 고민을 단순히 경험적인 수준으로 그치지 않고 직접 배우고 실험하며, 긍정적인 도전을 하여 현실적인 해결책을 제시합니다. 이러한 접근은 독자들에게 큰 영감을 줄 것이며, 그의 이야기가 축구뿐만 아니라 스포츠 산업과 사회에도 건강한 영향을 미칠 것이라 믿습니다. 한국 축구의 건강한 발전과 성장을 위해 놓치면 안 될 귀중한 자료이며, 축구를 사랑하는 분들에게 강력하게 추천 드립니다. 이 책은 독자들에게 새로운 시각과 통찰력을 제공할 것이며, 축구 현장의 미래에 대한 열망과 열정을 가진 분들에게 큰 영감을 주리라 확신합니다.

이상기
(주) 큐엠아이티 대표 및 대한체육회 문화환경교육 위원
전 K-리그 축구선수

미래에 축구 피지컬 코치를 꿈꾸는 이들에게 많은 궁금증을 풀어줄 현실적인 책이다. 저자의 철저한 계획과 많은 노력이 담긴 이 책을 강력하게 추천합니다!

최희영
전남드래곤즈 피지컬 코치

《피지컬 코치, 축구시장의 판을 바꿔라》는 피지컬 코치를 준비하는 이들에게 가장 기본이 될 수 있는 책으로 손색이 없고, 저자의 살아온 과정을 보면서 인생을 대하는 나의 태도 또한 한 번 더 돌이켜보게 만들게 해주는 고마운 책이다.

안정혁
세종 스포츠토토 여자축구단 피지컬 코치

프로팀 코치의 일상과 현실적인 스토리들의 내용! 그리고 현재 프로 코치 및 피지컬 코치를 꿈꾸시는 분들에게 필독 도서로 추천합니다.

박원익
충남아산 프로축구단 피지컬 코치

'축구 선수'에서 '축구 피지컬 코치'로 경력 전환을 완벽하게 해낸 손동민 코치. 끊임없이 노력하고 경험해서 얻은 그의 모든 노하우가 이 책에 담겨 있다. 축구 현장뿐만 아니라 경력 전환을 어떻게 했는지 자세히 다루기에, 운동 선수 또는 운동 선수 학부모에게 추천해 주고 싶은 책이다.

주원우
대한축구협회 전임연구원

기존에 알고 있던 피지컬과 현대 시대에 맞게 변화되고 있는 피지컬 부분까지! 끊임없이 공부하고 연구하는 저자의 책은 목차만 봐도 좋으니 읽어 보길 추천한다. 이 책은 내 책장에 두길 원하며 나중에 지도자가 되어 제자들에게 추천하고 싶은 책이다.

신광훈
포항 스틸러스 축구선수

　피지컬 계의 떠오르는 샛별 손동민 코치! 선수 생활을 하는 동안 한치 앞을 모르는 모든 축구인들의 삶. 이 책을 통해 유소년 선수부터 현역 프로선수, 은퇴를 준비하는 프로선수까지 힌트를 얻을 수 있을 거라 믿어 의심치 않는다.

백성동
포항 스틸러스 축구선수

과학과 함께 변화하는,
축구 시장에 주목하라!

현대 사회는 MZ세대와 기성세대를 나누어 서로를 이해 못 하는 관계로 만들어 놓고 있다. MZ세대들은 성공이라는 희망이 보이지 않아 노력해야 될 이유를 잃고 있다. 그런 MZ세대를 기성세대들은 이해를 못 하고 있다. 흔히 '라떼'는 저렇게 하지 않았는데 "나중에 커서 뭐 할래"라며 비난하기 바쁘다. 이들의 이해관계 격차를 줄이기는 점점 더 힘들 것이다.

이러한 변화는 축구 시장도 마찬가지다. 기성세대 지도자들은 은퇴하지 않고 지속적으로 현장에서 일을 하고 있다. 반면 선수들의 연령은 점차적으로 젊어지고 있다. 따라서 다소 높은 연령의 지도자들에게 축구를 배우는 것을 꺼리기도 한다. 많은 지도 경력을 가졌지만 다소 올드한 훈련법과 교육법을 어린 선수들은 받아들이지 못한다.

 선수들뿐만 아니라 지도자들도 마찬가지다. 젊은 지도자들은 엘리트 선수 생활을 은퇴하고 현장에 나와 지도하기를 원한다. 하지만 기성세대가 이미 자리를 잡고 있기에 본인들이 원하는 직장, 연봉, 복지에 만족하며 활동하기는 어렵다. 팀을 찾아 지도자 활동을 한다고 해도 올드한 감독님께 배울 것은 없다고 느끼며 쉽게 그만두고 축구계를 떠난다.

 이런 사회 현상을 보며 축구 시장에서 성장할 수 있는 나만의 정답을 찾고 싶었다. 대부분의 회사들이 어떻게 젊은 신입과 경험 많은 과장이 조화를 만들어내고 성과를 달성하는지 궁금했다. 그렇게 도달한 답이 바로, 전문성과 차별화이다. 모든 분야가 과학적이고 글로벌한 시대로 변하고 있다. 기성세대도 시대의 변화를 받아들여야 한다. 하지만 본인이 직접 새로운 것을 배우기는 어렵다. 그렇기 때문에 본인과 비슷한 연배의 동료 직원보다는, 차별화되고 전문적이라면 신입의 의견도 받아들일 수밖에 없다.

그래서 나는 축구 시장의 과학적이고 글로벌한 변화의 시작을 '피지컬 코치'로 보았다. 전문적이고 차별화된 축구계에 새로운 캐릭터다. 한 마디로 새로운 시대에서 살아남을 수 있는 나만의 돌파구를 만든 것이다.

나는 13세의 어린 나이에 브라질로 축구 유학을 떠났다. 엘리트 축구선수 생활을 하며 공부의 끈을 놓지 않았다. 축구만 하지 않고, 축구를 통해서 대학을 가고, 해외를 다니며 언어를 배우며 다양한 경험을 하는 등 피지컬 코치가 되기 위해 준비했다. 그리고 현재 국내에 유일한 20대 K리그 1 포항 스틸러스 피지컬 코치로 활동하고 있다.

상황을 탓하지 마라. 시대를 탓하지 마라. 끊임없이 계획하고 노력하고 도전하면 없던 돌파구도 생길 것이다.

이 책은 나 같은 MZ세대의 학생 또는 은퇴를 걱정하는 스포츠인, 혹은 피지컬 코치를 목표로 하는 지도자에게 적극 권하고 싶다. 또 여러분의 자녀가 축구선수라는 목표를 가지고 축구 시장에 뛰어들었다면 변화되는 트렌드를 알고 자녀들의 방향성을 긍정적으로 설계해주는 데에 이 책이 도움이 될 것이다.

막막하다고 노력을 포기한 것이 아닌, 새로운 돌파구를 위해 다양하게 도전하며 발전한 나의 경험과 축구 시장의 변화를 참고해 여러분의 미래를 개척했으면 좋겠다.

끝으로, 나는 아주 운이 좋은 사람이라고 생각한다. 인생을 살아오며 많은 분들에게 큰 도움을 받았다. 이 책을 쓰기까지 도움을 주신 많은 분들께 감사하며, 특히 항상 나에게 많은 가르침을 주신 아버지께 경의를 표한다.

손동민

차 례

1장

피지컬코치
시대가 열렸다

2장

축구의 'New Way', 나는 피지컬 코치입니다

3장

피지컬 코치가 갖추어야 할
필수 역량 6가지

4장

경기력을 10배 향상시키고
체인지업하는 차별화 전략

1장

✳

피지컬 코치
시대가 열렸다

운동만 하는 엘리트 선수 시대가 저물고, 공부하는 학생 선수 시대가 열렸다

2002, '축구붐 세대'의 등장

'베이비붐 세대'는 인구가 급격하게 증가한 시기를 의미한다. 대한민국도 한국 전쟁 이후 1955년부터 1974까지 출생한 이들을 '베이비붐 세대'라 부르고 있다. 축구 산업에도 이처럼 '축구붐 세대'가 있다. 바로 2002년 한일 월드컵 이후 '2002 월드컵 키즈'이다. 대한민국의 많은 축구 팬들은 아직까지도 2002년 한일 월드컵 시절을 잊지 못한다. 대한민국 스포츠의 새로운 혁신을 만든 시기이기 때문이다.

대한민국은 1980년대부터 국위 선양과 국력 과시를 위해 엘리트 스포츠 정책을 펼쳤다. 이후 성공적인 '86아시안경기대회'와 '88서울올림픽' 개최라는 성과를 보였다.

하지만 축구는 달랐다. 축구의 세계적인 무대는 올림픽보다는 월드컵이라는 '메가이벤트'가 존재한다. 대한민국은 2002년 한일 월드컵 전까지 단 1승조차 하지 못한 축구 약소국에 속했다.

그러나 이때 등장한 새로운 혁신의 존재가 바로 '거스 히딩크호' 이다. 유럽의 혁신적인 시스템을 대한민국에 적용하고, 히딩크 감독만의 변혁적 리더십을 통해 축구 약소국이라고 평가받던 대한민국이 월드컵 4강이라는 신화를 만들어냈다. 또한 월드컵이라는 무대를 통해 한국 선수들의 능력을 선보이고 인정받았으며, 박지성, 이영표, 이천수, 안정환, 설기현 등의 국내 선수들을 유럽 무대로 진출시켰다. 차범근 선수 이후로 굳게 닫혀 있던 유럽 진출의 문이 더 활짝 열리게 되었다. 그뿐만 아니라 앞서 학원 축구에서 축구 클럽화의 변화를 통해 유소년 축구선수 유입 인프라가 확장되었고, 많은 아이들의 장래희망 1번은 축구선수가 되었다. 나 역시 초등학교 시절 장래희망 기입란에 맨체스터 유나이티드 선수라고 적었던 기억이 어렴풋이 있다. 또 많은 젊은이들은 축구 관련 종사자가 되기 위해 공부하고 꿈을 꾸었다.

축구의 시대적 변화를 관통해오며

그러나 모든 빛에는 그림자가 따르기 마련이다. 축구에 대한 많은 관심으로 축구선수가 되고 싶어 하는 아이들의 유입은 늘었지만, 축구계 안팎에서는 각종 문제가 불거졌다. 그리고 이 문제들이 대중과 사회에 많이 노출되기도 했다. 그중 합숙 문화로 인한 폭언 및 폭행, 학습권 보장에 대한 어려움 등은 2014년도 이전에 초·

중·고 유소년기를 겪은 엘리트 선수라면 누구나 익숙할 것이다. 하지만 축구 붐 세대의 등장과 더불어 그동안 성과와 목표만을 추구하며 선수들의 인권 보호에는 상대적으로 공을 들이지 않았던 축구계의 관행도 이제는 점점 사라지고 있는 추세다.

나는 이런 시대 변화를 몸소 느끼면서 축구를 한 가장 좋은 케이스라고 생각한다. 내가 브라질 유학 후 한국에 돌아왔을 당시 2009년 처음으로 주말 리그 제도가 도입되어 평일에 학교에서 수업을 듣고 주말마다 리그를 통해 경기할 수 있는 환경이 제공되었다. 또, 2010년부터 '공부하는 학생선수'를 시범 운영하여 고등학교를 졸업할 무렵에는 학교 정규 수업을 다 듣고 훈련해야 된다는 교육청의 공문이 내려와 7교시 수업 이후에 훈련을 하기도 했다. 취업 전에는 대학교 최저학력제 의무화가 논의되며 최저학력 미달인 경우 리그 출전 금지까지 생겼다.

이런 과정을 겪으면서 나는 정말 학습권을 보장받는 선수였을까? 과연 나는 '공부하는 학생 선수'였을까? 절대 아니다. 갑작스러운 제도로 인해 오히려 혼란을 겪기도 했다. 갑작스럽게 반강제적으로 공부하는 시간이 생겼는데, 이 시간에 대한 활용을 누가 알려준 것도 아니고 어떤 공부를 해야 하는지, 혹은 공부를 하면 어떤 변화가 생기는지에 대한 인식이 전혀 없었다.

선생님들은 나에게 미국 같은 경우는 공부를 못하면 운동선수여도 대학을 못 간다며 은퇴 후에 무엇을 해서 먹고살 것인지 묻곤 했다. 그리고 다른 해외 케이스를 많이 이야기해주시고 은퇴 후 진로를 설명해주면서 공부와 미래를 준비할 것을 설득하셨지만, 나는 브라질에서 본 교육 시스템이 축구선수들에게 훨씬 효과적이라며 반박하기도 했었다. 브라질에서는 한국처럼 하루 종일 학교 교육에 매진하지 않았던 것이다. 정규 수업이 대체로 반나절이면 끝이 났고, 그 외의 삶을 활용할 수 있었다고 생각한다.

은퇴에 대한 반박도 했던 기억이 있다. 공부를 잘해야 꼭 성공한 삶을 살 수 있는 것은 아니지 않냐며 축구선수는 축구만 잘하면 되는 것 아닌가? 공부에 쏟을 에너지로 훈련 한 번 더 하는 것이 좋을 것 같다며 팀 동료들과 불만을 늘어놓기 일쑤였다.

선수 생활과 내신 관리를
하고 있는 후배들

최근 고등학교 모교를 방문한 적이 있다. 고등학교 후배가 현재 모교에서 피지컬 코치로 활동 중이라 후배들 격려 차원과 본인 훈련에 대한 이야기를 나누고자 갔다. 가장 놀란 부분은 선수들에게 각자 개인 관리 시간과 저녁 간식 시간 이후 공부할 수 있는 소등 시간을 부여하고 있다는 점이었다. 내가 고등학교를 졸업한 지 10년 만에 문화가 바뀐 것이다. 후배들은 대학 진학을 위해 내신 관리를 하지 않으면 안 되는 시스템으로 운동과 공부를 병행하고 있었다. 내가 운동했던 고등학교 시절과는 완전 달라진 것이다. 학생 선수들의 공부에 대한 거부감이 많이 사라졌다. 저녁 간식 시간 이후 동료가 자고 있는 사이 운동 나가는 나 같은 선수는 많이 봤어도 동료가 자는 시간에 공부하는 선수의 모습은 나로서는 꽤나 충격적이었다.

앞서 '2002 월드컵 키즈'에 대해 설명했다. 엘리트 선수 유입이 가장 많은 시기였다. 그때 당시 평균 유입 나이를 7~13세로 정하면 20년이 지난 지금, 그들의 나이는 27~33세이다. 그 축구붐 세대들이 은퇴를 이미 했거나 준비하고 있다. 대부분 프로 축구선수가 되기까지의 확률에 대해 알 것이다. 많이 잡아야 0.7%의 확률이다. 2015년도 대한축구협회에 등록된 초등학교 유소년 선수의 수는 9천 명, 2002년 직후는 이보다 더 많았을 것이지만 1만 명이라는 가정하에 계산을 해보면 70명 만이 프로 선수가 될 수 있다. 그렇다면 나머지 9,930명의 은퇴 선수들은 삶은 어떻게 되는 것일까?

내 주변의 선후배, 친구들만 봐도 방향성을 찾고 잘 사는 지인들도 많지만, 대부분 막막하다는 말과 함께 방황의 시기를 걷는다. 그리고 대부분이 지도자는 되고 싶지 않다는 표현을 많이 한다. 대개, 여러 가지 이유가 있다. 축구가 진절머리가 났다는 친구도 있고, 열정 페이라 표현하는 친구도 있으며, 우리에게 축구를 가르쳤던 지도자들처럼 되고 싶지 않다고 표현하는 친구들도 있었다. 그럼에도 불구하고 대부분 축구 종사자로 남는다. 왜냐하면 축구 말고는 할 수 있는 것에 한계가 있기 때문이다. 다른 분야에 대한 경험이 부족하다.

운동인의 삶을 선택하는 순간
은퇴를 생각해야 한다

스포츠 심리학 학문에서는 은퇴 선수에 대한 주제를 많이 다루고 있다. 스포츠 심리학자들은 스포츠 선수가 은퇴에 대한 고민을 해야 되는 시점을 전문 운동인의 삶을 선택하는 직후부터라고 한다. 내가 9세에 직업 축구선수의 길을 선택했다면, 그때부터 운동을 그만하면 무엇을 할까 고민해야 한다는 소리이다. 나는 은퇴 전에 공부와 운동을 병행하는 시간을 가졌다. 그러면서 가장 부족하다고 느낀 것이 고등교육이다.

내 직업은 지도자이자 피지컬 코치이다. 대학 전공은 운동 생리학과 트레이닝 방법론이다. 하위 학문으로 생물학, 물리학, 역학과 같이 고등학교 교과 과정에서 기본적으로 배워야 할 영역이 있다. 이런 고등교육과정을 대학 와서 하려고 하니 학업량이 두 배가 된다. 그래서 나는 축구 지도자가 되었을 때 오히려 '내가 만약 고등학교 때 수업 시간에 잠을 자지 않고 나에게 필요한 과목에 대한 공부를 조금이라도 더 했더라면…'이라는 생각을 많이 했다.

내가 우리 아버지께 가장 많이 듣던 말이 '돌머리'다. 운동선수는 '돌머리'라는 놀림을 많이 받았다. 똑똑한 사람이 축구도 잘한다는 말을 많이들 한다. 하지만 공부머리와 운동머리는 다르고, 운동머리를 가졌다고 한들 지식 습득에 대한 노력을 하지 않으면 그저 빛 좋은 개살구에 지나지 않는다. 지금의 시대는 운동선수들도 공부를 할 수밖에 없는 시대이다. 프로 팀에서 일하면서 느낀 것은

20대 초반 선수들은 유럽 무대를 꿈꾸며 운동 시간만큼 영어 공부에 대한 시간도 충분히 투자한다는 것이었다. 어떤 선수는 유튜브나 서적을 통해 투자 공부도 많이 한다. 외국인 선수는 스포츠 과학에 대한 지식이 충분해 나에게 전문 용어를 사용하기도 한다.

축구를 일찍 그만둔 학생 선수는 다양한 꿈을 꾸기도 한다. 이제는 선수 출신이 다양한 직군으로 빠지고 있다.

똑 부러진 MZ 선수,
근거 있는 훈련을 원한다

지도자보다 선수들이 더 똑똑한 시대?

우리나라 축구선수들의 지식은 갈수록 높아지고 있다. 이는 앞에서 말한 '공부하는 학생 선수' 제도의 뒷받침 덕이기도 하고, 축구 산업에 과학이 도입되며 이전보다 다양하게 발전된 덕이기도 하다. 이런 영향으로 유소년 축구선수들의 지식의 향상도는 날이 갈수록 높아지고 있다.

선수들뿐만 아니라 학부모들도 이제는 다양한 미디어를 통해 축구에 대한 궁금증을 해소하는 데 1분이 걸리지 않는다. 전문적인 지식을 얻는 데에도 1분이 채 걸리지 않는다. '더 이상 전문가가 필요 없을 수도 있지 않을까?'라는 의문이 남을 지경이다. 이처럼 선수들은 점차 똑똑해지고 있다. 지금 10대 선수들이 20대로 성장해서 프로 선수가 된다면 선수들의 지식수준은 지금보다 더 높아질 것이다. 어찌 보면 지도자보다 선수가 더 많이 아는 시대가 도래할 수도 있다.

따라서 지도자들도 더 이상 경험에 의한 지도만 해서는 안 된다. 끊임없이 공부하고 발전해야 하는 시기가 되었다. 내가 은퇴하기 전까지 선수 생활할 때 대부분의 지도자들은 궁금증이 있어서 질문을 하면 경험적인 이야기를 많이 해줬던 기억이 있다. "나는 언덕을 뛰니까 달리기가 빨라지더라", "나는 조깅을 하면 몸이 가벼워지더라", "나는 줄넘기를 하니까 탄력이 좋아지더라." 틀린 말은 아니다. 하지만 근거가 부족하다. '언제', '어떻게', '왜'가 생략되었다.

막연한 노력보다
'어떻게'와 '왜'가 필요한 시대

한 달 전 대한민국 전 국가대표 이영표 선수가 학생들에게 한 동기부여 강의를 봤다. 매우 인상 깊었다.

"10시간을 노력하면 10시간 노력한 만큼 성장한다."

절대적으로 공감한다. 그러고는 이영표 선수는 자신이 다른 선수들보다 경합 상황에 놓인 공에 더 빨리 반응하기 위해서 줄넘기를 하루에 천 개씩 2년 동안 했다고 했다. 그리고 그렇게 한 결과, 2년 뒤에는 경기장에서 경합 상황에 놓인 공이 모두 본인의 공이 되었다고 한다.

"축구를 잘하는 방법은 간단해요. 다른 친구들보다 더 열심히,

더 많이 노력하면 돼요."

이영표 선수는 이렇게 말했다. 노력은 배신하지 않는다고 나도 믿고 있다. 각자 현재의 노력이 지금 당장은 결과로 나타나지 않아도 언제, 어떤 형태든 결과물로 나타난다. 실제로 수년에 걸친 나의 노력도 어린 나이에 K리그1 지도자라는 결과물을 가져다주었다. 하지만 내 노력은 막연한 노력이 아니었다. 그래서 나는 지금 시대에는 노력에 하나를 더 붙여야 된다고 생각한다.

경제적인 측면으로 먼저 접근해보자. 우리 부모님 세대는 한국 전쟁 이후 국가가 가파르게 성장하던 시기에 태어났다. 이때는 무엇을 하든 한 가지 일만 성실하게 임하면 성공이 따라왔다. 국가가 성장하는 시기에는 무슨 일을 하든 대부분의 분야가 블루오션이라고 할 수 있다. 하지만 지금은 기성세대가 존재하고 국가 경제가 과도기에 놓여 있어 많은 젊은이들이 힘들어하고 있다. 작은 씨앗이 보이면 물을 주는 것이 아닌, 싹을 잘라버리는 시대이다. 그럼에도 불구하고 성공한 많은 기성세대는 끊임없이 노력하면 본인들처럼 부와 명예를 얻을 수 있다고 한다.

축구도 마찬가지다. 과거에는 경쟁 상대가 지금보다는 적었다. 스피드, 힘, 기술 중 한 가지만 잘해도 '특출함'을 보일 수 있었다. 그리고 그 '특출함'이 성공을 가져다주었다. 하지만 지금은 다르다. 경쟁자도 많다. 단순하게 노력만 하기에는 노력 외의 외적인 요인들이 유소년기에 너무나도 많은 작용을 한다. 부모들의 욕심으로 인해 더 좋은 음식을 통해 성장을 촉진시키고 비싼 돈을 들여

가며 좋은 선생님을 섭외해 개인레슨을 통해 어린 시기부터 공을 다루는 기술을 높인다. 과거 가난하면 운동을 하던 시대가 아닌, 이제는 돈이 있어야 운동을 시킬 수 있다. 불공평한 시대가 온 것이다. 그렇기 때문에 '어떻게'와 '왜'가 필요하다. 계획성 있는 노력이 필요하다. 막연하게 '열심히 하면 된다', '노력하면 된다'가 아니라 '계획적인 노력을 해야 된다'가 우리 시대에는 더 적합한 표현이라고 생각한다.

포항 스틸러스에 있으면서 이규용 코치님과 이야기를 나눈 것 중 하나가 2022년보다 2023년의 2군 선수들의 연령층이 더 낮아졌다는 것이었다. 20대 초반의 선수가 대부분이었기에 프로 선수임에도 불구하고 아직까지 기술적, 체력적으로 성장 가능성이 있다고 판단하여 훈련의 초점이 유지가 아닌 향상을 목표로 하자고 했다. 그러면서 코치님 본인의 경험을 빗대어 말했다. "나도 좋은 선수가 되기 위해 정말 열심히 했다. 하지만 무턱대고 열심히 한 것 같다. 누군가 내가 좋은 선수가 되기 위해 어떤 기능이 좋아져야 되고, 그렇게 되기 위해 어떤 훈련을 어떤 방법으로 해야 되는지 알려주지 않았다. 그래서 나는 항상 열심히만 하는 선수로 기억에 남는다."

프로 선수지만 프로 2군 선수들도 마찬가지다. 어떻게든 기회를 받기 위해 많은 노력을 한다. 하지만 때로는 방향성이 다른 노력을 한다. 문제에 대한 처방을 스스로 내리고 판단하기에 리스크가 너무 많다.

당연한, '학구파' 지도자가 돼라

시대가 변했다. 아무리 스포츠계가 수평 관계가 아닌 수직 관계라 하더라도 MZ 세대의 문화와 기성세대의 문화에는 많은 차이가 있다. 가장 큰 차이는 '왜'라고 생각한다. 미디어의 발달로 선수들도 잉글랜드 프리미어리그, 스페인 프리메라리가, 독일 분데스리가 리그 팀의 훈련 법을 많이 본다. 단순하고 올드한 훈련을 시키면 "코치님, 외국은 이런 훈련 안 해요", "이거, 코치님 어릴 때 하던 훈련 아니에요?"라고 반응하거나 물어보기도 한다. 단순한 궁금증일 수도 있고 새로운 것을 좋아하기 때문일 수도 있다.

나는 선수들이 '왜'라는 질문을 했을 때 기분이 좋다. 알고 하는 것과 모르고 하는 것은 정말 큰 차이를 만들어낸다고 생각하고, 시키는 것만 하는 것이 아니라 알고 해야 발전하며 지속성을 가질 수 있을 것이다. 하지만 나보다 조금 더 위의 세대 지도자들은 질문을 불편해할 때도 있다. 시키면 시키는 대로 운동을 했기 때문에 다름을 이해하지 못하는 모습을 간혹 볼 수 있다.

축구 지도자들이 더 똑똑해질 필요가 있다. 배우를 부를 때 가끔 모순적인 수식어가 있다. '연기파 배우'이다. 연기를 당연히 잘해야 하는 직업이 배우인데, '연기파 배우'? 매우 아이러니한 수식어이다. 지도자를 부를 때도 가끔 '학구파 지도자', '공부하는 지도자'라는 수식어가 붙는다. 나도 많이 듣는 수식어이다. 특히, 피지컬 코치들이 자주 듣는 수식어일 것이다. 피지컬 코치가 되기 위해서 다양한 학문에 대한 지식이 필요하기 때문이다. 하지만 나는

'학구파 지도자'라는 수식어가 마치 '연기파 배우'와 같은 수식어라 생각된다. 당연히 잘해야 되는 것을 마치 특별한 것처럼 표현한 것이라고 느껴지기 때문이다.

애초에 축구 지도자는 공부를 많이 해야 된다. 선생이라는 직업이 공부를 하지 않아도 되는가? 은퇴할 때까지 공부해야 된다. 고등학교 수학 선생님이라고 가정해보자. 고등학교 수학 선생님이 학생 때 배웠던 방식으로 똑같이 제자들에게 교육하고 있다면 어떨까? 또 지속적으로 배우지 않고 노력하지 않으면 새롭게 변화된 학문에 도태되어 학생들에게 좋지 못한 평가를 받을 것이다.

대학교수도 마찬가지다. 체육학 분야에는 새로운 연구가 지속적으로 보고된다. 과거에는 당연하게 생각했던 지식이 지속적인 연구와 시대의 변화로 다른 결괏값으로 도출된다. 과거의 연구 결과에만 근거해 가르쳤다간 잘못된 지식을 전달하는 교수로 낙인될 것이다.

축구 지도자는 어떨까? 많은 감독들이 새로운 전술을 구사하고 많은 피지컬 코치들이 새로운 트레이닝 방법론을 구상한다. 많은 컨디셔닝 코치들이 부상 방지 훈련을 만들어낸다. 매 월드컵을 기점으로 축구의 전반적인 트렌드가 변한다. 예를 들어, 체력적으로 접근해보자. 1970년대의 영국 축구에서 평균 총 뛴 거리는 8.9km이다. 현대 축구의 총 뛴 거리는 9.7~13.7km이다. 고강도 러닝 거리의 비중도 매우 높아졌다.

내가 선수 시절 배운 교육은 20년 전의 교육일 것이다. 1년이

지난 것도 이미 지난 트렌드일 수 있다. 변화가 빠른 현대 사회에 새로운 것을 습득할 능력이 없다면 선수들에게 좋게 지도자로 남지 못할 것이다. 똑똑해지고 있는 선수들의 '왜'라는 질문에 답할 능력이 없을 것이다.

급변하는 축구 시장의 변화에 발맞추자

이젠 선수가 왕이다

올림픽 대표팀에 있을 때이다. 황선홍 감독님께서 이런 말씀을 하셨다. "내가 선수였을 때는 감독님 말씀이 곧 법인데, 요즘은 아니야. 이제는 선수들이 왕이야." 이제 지도자는 선수들 의견 하나하나에 귀를 기울여야 한다. 감독도 느끼는데 코치는 오죽하겠는가?

피지컬 코치는 선수들의 체력을 향상시키는 지도자이다. 선수들이 가장 싫어하는 체력 훈련을 지도해야 한다. 선수들의 즉각적인 반응을 더 예민하게 받아들여야 한다. 과거에는 "10바퀴 뛰어" 하면 10바퀴를 뛰었다. 하지만 지금은 근거 없이 10바퀴 뛰라고 하면 불평, 불만이 생긴다.

황 감독님은 MZ 세대들이 성장하면서 축구 성향이 바뀐다는 이야기도 함께 하셨다. 연령이 낮아질수록 선수들의 개성이 강하다고 하셨다. 이러한 변화에 지도자들도 나름의 변화가 필요하지 않을까? 매번 고민에 휩싸이기도 한다. SNS 시청에 대한 10대, 20대의 영상 기록을 보면 6초 안에 해당 영상을 지속적으로 시청할지 또는 다른 영상을 볼지 결정한다고 한다. 그만큼 흥미를 판단하는 속도가 빠르다. 멀티태스킹의 삶 속에 빠져 있다. 지루한 것을 참지 못한다. 이에 나는 반복 훈련이 중요한 축구에서도 선수들이 지루함을 느끼지 못하는 변화가 필요하다고 생각한다.

중요한 것은 훈련의 형태가 아니다. 중요한 것은 훈련의 메커니즘이다. 나는 원리의 이해를 어떤 영상에서 한 아이의 어머니가 아이에게 음식을 해줄 때의 아이디어를 통해 얻었다. 아이가 채소 먹기를 굉장히 싫어했다. 하지만 건강한 성장을 위해서는 적정량의 채소와 과일을 통해 필요한 영양소를 섭취해주는 것이 필수다. 그래서 아이의 어머니는 채소와 과일을 다양한 방법, 즉 아이가 좋아하는 형태로 만들어 아이에게 권했고 다행스럽게도 아이는 '무사히' 어머니의 음식을 받아먹었다. 그 어머니가 한 요리 방식은 어렵지 않았다. 원형 그대로인 생채소, 생과일 등에서 오므라이스, 주스, 초콜릿 등으로 형태를 다양하게 바꾸었을 뿐이다. 하지만 아이의 인체에서 받아들이는 성분은 채소와 과일의 성분 그대로였다. 형태가 변했다고 다른 식자재를 섭취한 것이 아니었다.

새로움 속에 익숙함을 추구하라

이와 마찬가지로 앞으로 다가올 새로운 시대의 선수들은 많은 매개체를 통해 다양한 훈련을 접했을 것이다. 이미 뇌가 다양성을 받아들였기 때문에 지루한 것을 더욱 싫어할 것이고 똑똑하고 새로운 것을 선호할 것이다. 하지만 그 속에서 원리는 변하면 안 된다.

축구적인 예시로 접근해보자. 내가 원하는 것은 달리기 가속에 대한 훈련이다. 가속에 대한 훈련을 한 가지만 가지고 있어서는 안 된다. 무수히 많이 창조하고 구성할 줄 알아야 한다. 다만, 가속이 향상되는 원리는 변하지 않기 때문에 다양한 훈련방식 속에 일관되게 그 원리가 적용되어야 한다. 반드시 새로움 속에 익숙함이 있어야 한다.

내가 안산 그리너스 FC의 피지컬 코치로 있을 때이다. 경기를 준비하기 전에 시합일 기준으로 좋은 컨디션을 위해 경기 하루 전, 경기 이틀 전, 경기 3일 전 해당 날에 적합한 훈련을 지도한다. 그럼 나는 적합한 훈련의 원리는 정해두지만, 그 형태는 2주에 한 번씩 변화를 주었다. 선수들의 만족도는 매우 좋았다. 훈련이 재밌다고 한다. 심지어 훈련이 궁금하다고 한다.

물론 내 방식은 기성세대들의 경험과 많은 차이를 보일 것이다. 기성세대의 방식은 단순하게 수많은 반복을 일삼아왔기 때문이다. 절대 반복된 훈련이 잘못되었다는 것이 아니다. 단지 자라온 환경이 지금의 세대와는 다르기 때문이다. 새로운 세대들과 기성세대들의 의견을 잘 조율하는 과정이 점차 현장에서 필요할 것이다.

축구계, 국경이 사라지다

소통이 가장 중요하다는 이야기는 많이들 들어봤을 것이다. 글로벌 시대라는 말 또한 2000년대 초반부터 많이 들어봤을 것이다. 이제는 축구계에도 글로벌 시대가 찾아왔다. 1970년대 차범근 선수 이후로 많은 선수들이 해외 진출하는 모습을 보이고 있다. 이제는 한국 선수들도 충분한 경쟁력을 갖췄다고 평가할 수 있다. 그렇기 때문에 유소년부터 비교적 어린 프로 선수들은 언어 공부에 대한 인식도 과거보다는 훨씬 높다. 그들은 손흥민 선수가 유창하게 영어로 인터뷰하는 모습, 이강인 선수가 스페인어로 유창하게 인터뷰하는 모습을 보며 동기부여를 받았을 것이다.

포항 스틸러스의 조재훈 선수는 21살 어린 나이에 2023년도 현재 프로 3년 차이다. 프로 리그 데뷔는 2021년도, 그의 나이 19살에 이루어졌다. 어느 날 조재훈 선수에게 물었다. "재훈아, 너는 목표가 어디야?" 그러자 조재훈 선수는 바로 답했다. "해외 진출 한 번 해야죠, 샘." 목표는 당연히 유럽이었다. 그 뒤로 나는 조재훈 선수를 관찰했다. 목표를 위한 축구 열정은 당연하고 외적으로 언어 공부를 소홀히 하지 않았다. 하루에 꾸준히 30분씩 영어 공부에 시간을 투자한다고 한다.

애초에 선수가 해외 구단에 먼저 소속되고 나서 국내로 다시 유입되는 경우도 빈번하다. WU-15 남해 소집 훈련을 갔을 때는 미국에서 생활하는 재미동포 여자 유소년 선수가 한국으로 넘어와 함께 훈련을 하기도 했다. 손흥민과 이강인 선수도 마찬가지이다. 축구를 한국에서 한 것이 아니라 해외에서 시작해서 빛을 발했다. 해외 진출은 유럽이 아닌 아시아권의 진출도 빈번하게 보인다. 이제 축구의 국경이 사라졌다.

K리그도 2023년부터 외국인 용병을 기존 3명에서 5명으로 늘렸다. 한 경기에 최대 5명의 외국인 선수들이 뛸 수도 있다는 것이다. 리그의 축구 수준도 올라갈 것이다. 언어적인 소통도 매우 중요한 요소를 차지할 것이다. 물론 각 구단마다 통역사가 있겠지만 지도자와 직접적으로 소통하고 마음을 공유한다는 것은 누군가를 거쳐서 소통하는 것보다 훨씬 유대감이 있을 것이다.

비단 선수뿐만 아니라 해외 시장으로 진출하는 지도자들의 수도 늘었다. 유럽까지는 아니지만, 아시아권에서는 한국 축구가 인정받고 있는 편이다. 박항서 감독(전 베트남 국가대표팀 감독), 신태용 감독(인도네시아 국가대표팀 감독), 김판곤 감독(말레이시아 국가대표팀 감독) 등 아시아권 나라의 대표팀 혹은 프로 구단에서 일을 하고 있는 지도자들의 수가 늘고 있다. 그렇기 때문에 선수도 지도자도 소통을 넘어 언어에 대한 인식을 더 높게 다뤄야 할 것이다.

토끼처럼 점프하라

소비 트렌드를 연구하는 트렌드 연구자 김난도 교수가 다른 저자들과 같이 쓴 저서 《2023 트렌드 코리아》에는 'RABBIT JUMP' 라는 키워드가 나온다. 웅크리는 토끼가 더 멀리 뛴다는 의미 다. 저자는 멋진 도약을 위해 준비할 것들을 제시했는데, 그중 나 는 '새로운 오피스 문화: 오피스 빅뱅(Arrival of a New Office Culture: Office Big Bang)'에 주목했다.

저자들에 따르면 '우리의 일터가 송두리째 달라지고 있다. 인재 가 떠나가고, 조직 문화가 바뀌며, 노동 시장의 시스템이 변하고 있는' 추세이다. 또한 '이직과 퇴직 열풍 속에서 인재를 지키려는 조직 차원의 시도 역시 주목받고 있다. 연봉이나 성과금 인상은 기 본, 젊은 직원들의 라이프스타일에 맞춘 세부적인 복지가 눈길을 끈다'고 한다.

나는 이러한 변화가 축구계에도 마찬가지로 나타나고 있다고 생각한다. 보다 좋은 직장 즉, 팀과 지도자를 선택하게 될 것이다. 비단 선수뿐만 아니라 코치들도 마찬가지일 것이다. 구단들과 감 독들 사이에 좋은 코치 또는 피지컬 코치를 쟁탈하기 위한 전쟁이 일어날 것이다. 아무리 스포츠계가 보수적인 집단이라 하더라도 점차적으로 사회의 흐름과 비슷하게 흘러갈 것이다.

가령 피지컬 코치만 해도 마찬가지다. 많은 지도자들이 피트니 스의 중요성을 알고 고용을 원한다. "손 코치, 좋은 지도자 없어? 추천 좀 해줘봐" 하지만 정작 추천할 인력은 없다. 다들 피지컬 코 치가 되고 싶다며 자문을 구한다. 하지만 모두들 사회가 원하는 '워라밸', '저노동 고연봉', '복지' 등을 포기 못 하는 상태에서 원한다. 막상 현장의 고충을 이야기하면 본인이 원하던 직업임에도 불구하고 걱정과 두려움에 빠진다.

축구에 대한 관심도는 점차 증가한다. 축구선수가 되고 싶어 하는 인프라도 증가한다. 엘리트 체육뿐만 아니라 생활 체육의 저변도 확대되고 있다. 은퇴하고 제2의 삶을 준비하는 은퇴 선수들이 증가하고 있다. 사회가 변하고 있다. 하지만 구조 자체는 변화되지 않고 있다. 악순환의 고리가 반복될 수 있다. 그 속에서 우리는 한발 빠르게 대처하고 트렌드를 따라가거나, 트렌드를 만들어가야 한다.

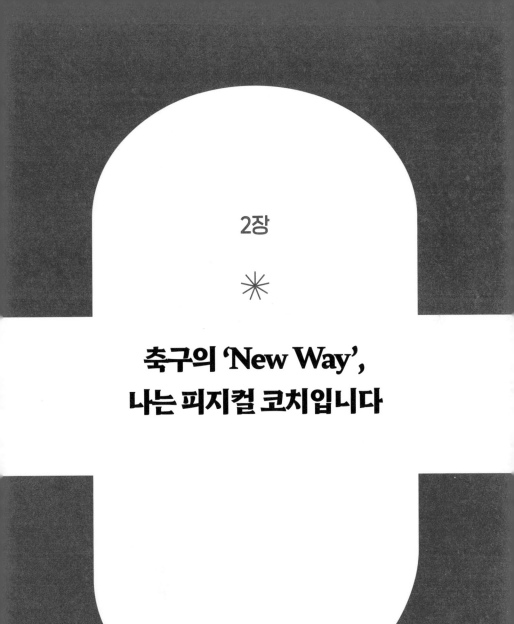

2장

＊

축구의 'New Way', 나는 피지컬 코치입니다

축구가 좋아 브라질 빈민가로
혼자 떠나다

2002 월드컵 4강 신화가 가져온 변화

2007년 12월 서울의 엄청난 겨울바람을 아직까지 생생하게 기억하고 있다. 대구에서 서울도 멀게 느끼지던 시절, 서울에서 브라질행 비행기를 타러 가는, 축구에 정말 미친 나를 말이다. 그때 내 나이는 13살, 고작 초등학교 6학년이었다. 2002년 한일월드컵에서 우리나라가 4강의 신화를 이룩한 이후로 대한민국의 축구 시장에는 빠른 변화의 바람이 불었다. 엘리트를 선호하는 스포츠 문화에서 빠르게 클럽 축구화가 진행되며 대구광역시 북구의 조그마한 동네에도 축구를 배울 수 있는 환경이 조성되었다.

지금은 축구 클럽이 많이 보편화 되어 유소년 축구가 활성화를 넘어 과도기에 있는 시기지만, 그때 당시에는 전문적으로 축구를 배울 수 있는 환경이 많지는 않았다. 지금 시대에 축구 시장에서 직업을 가지고 있는 20~30대는 모두 2002년 월드컵의 영향을 알게 모르게 다 받았을 것이다. 멋지게 운동장을 누비는 박지성 선수의 모습, 모든 국민들에게 관심을 받는 안정환 선수의 모습을 보면서 축구선수를 하고 싶었던 아이도 있었을 것이고, 부모의 욕심으로 축구선수를 육성하고 싶어서 시작한 아이, 또, 나와 같이 2002년은 잘 기억나지 않지만 월드컵을 통해 바뀐 사회 문화로 인해 축구를 시작한 경우도 있을 것이다.

지금 돌이켜보면 나는 운동보다는 공부에 재능이 있는 아이였다. 초등학교 수준이지만 모든 시험과 수행평가에서 항상 100점을 받아왔던 기억이 있다. 부모님이 학업을 강조했거나 밀어붙여서가 아니었다. 내겐 무언가를 이뤄냈다는 성취감, 배움에 대한 즐거움이 있었다. 부모님도 그런 나를 보고 항상 "동민아, 너는 꼭 특목고를 목표로 해라"라는 말을 많이 했고, 나는 뭣도 모르고 항상 주변 어른들에게 "저는 특목고 갈 거예요"하며 다녔던 기억이 있다. 부모님은 내가 공부를 잘할 수 있게 학교 내외에서 많은 도움을 주셨고, 항상 정성껏 뒷바라지를 하셨다. 나도 욕심이 있기에 초등학교 매년 반장과 6학년 때는 전교회장을 할 정도로 주도적인 인생을 살았던 것 같다.

저, 축구가 너무 좋아요

그러던 내 인생의 첫 번째 변화가 초등학교 6학년 4월경이었다. 학교 성적이 조금씩 떨어지기 시작했다. 이유는 간단했다. 학원에 가지 않고 친구들과 함께 학교 수업 마치고 축구를 했다. 학원에 가야 한다는 사실도 알고 있었고, 수업에 빠지면 부모님께 혼난다는 것도 알았지만, 축구를 하는 것이 너무 좋았다. 부모님께 혼나고 축구 하기를 반복하자 아버지는 한 날 나를 불러 말씀하셨다.

"축구가 정말 좋으냐?"

대답은 당연히 "네"였고, 며칠을 고민하던 아버지는 나에게 조건을 걸었다. "정말 좋으면 좋아하는 일을 하기 위한 노력을 보여봐." 아버지는 다음 시험에 전교 1등을 해보라 했다. 시험은 한 달도 안 남았던 것으로 기억한다. 하지만 축구를 하고 싶다는 명확한 목표가 있기에 결과는 '명약관화'했다.

그때부터 부모님은 대구에서 잘 가르친다는 선생님들을 수소문해서 축구를 전문적으로 배우도록 해주셨다. 사실 그 전에도 축구를 배우긴 했지만, 엘리트 체육보다는 취미반에 조금 더 가까웠다. 그러나 내가 결심을 한 뒤부터 축구는 나의 일부가 되었다. 그날부터 나는 학교 수업을 마치고 매일 어머니의 차를 타고 축구장으로 가 16시부터 24시까지 훈련에 몰두했다. 밥 먹는 시간 빼고는 오로지 훈련뿐인 날들이었다. 어머니는 늦은 시각 돌아가는 길에 햄버거 하나를 사면서 매번 물었다. 그렇게 힘든데 재밌냐고 말이다. 나는 웃으면서 행복하다고 했다.

너, 브라질 한번 가볼래?

축구를 시작하는 아이들에겐 저마다 꿈이 있다. 프로선수가 되고 싶거나 박지성 선수와 같은 프리미어리거가 되고 싶다는 등의 꿈 말이다. 하지만 나는 꿈이 없었다. 단지 축구를 하는 것 자체가 매우 행복했다. 6개월을 그렇게 하니까 당연히 실력이 늘었다. 학교에서 체육시간에 축구를 하면 당연히 내가 제일 잘하고 취미반 클럽을 가도 내가 주도적으로 팀을 이끌었다.

6학년 말, 운동선수 출신이면 누구나 진학 선택이 매우 중요하다는 것을 알 것이다. 진학에는 부모의 역할이 크다. 나의 아버지는 다른 부모님들과는 다른 면이 많다. 사업을 하고 다른 이들과 신체적인 차이가 있기 때문에 세상을 바라보는 시각이 다른 편이라 생각한다. 항상 축구를 하는 나에게 운동선수들은 '돌대가리'라는 말을 꼭 하며, 너는 운동을 하지만 절대 '돌대가리'가 되지 말라고 강조했고, 또 너는 축구를 못하니까 축구선수를 목표로 하지 말라는 말을 꼭 했다.

그런 아버지는 나에게 일반적인 대한민국 엘리트 축구가 아닌 다른 제안을 했다. '너, 축구하고 싶으면 브라질 한번 가볼래?'라 물었고, 나는 브라질이 어디 있는지도 모르지만 2002년 월드컵의 우승 국가이자 당시 최고의 선수들인 '호나우두(전 2번의 월드컵을 포함해 총 5번의 국제 대회 우승을 차지하고, 클럽에서는 바르셀로나, 인테르, 레알 마드리드를 거치며 2번의 발롱도르 상을 받은 당대 최고의 공격수)', '호나우지뉴(브라질 역사상 최고의 축구 천재로 불리는 선수)' 같은 세계적인 선수들을 배출한 나라인 것만 알고 당연히 간다고 했다.

아버지는 당시 세상은 넓고 앞으로의 시대는 세계화의 시작점이기 때문에 한국에서 배우는 것보다 더 큰 무대에서 성장하는 것이 아들의 인생에서 중요한 전환점이 될 것이라고 판단해 나에게 선택할 수 있는 기회를 준 것이다. 쉽게 말해, 축구 외적인 세계를 보고 해외를 권유하셨다. 축구를 배워오라는 것이 아니라 인생을 배우고 인생을 이겨낼 수 있는 힘을 키워준 것이다.

나에게 브라질 유학을 권하는 것은 아버지뿐만이 아니었다. 당시 나에게 축구를 전문적으로 가르친 초등학교 감독님도 마찬가지이셨다. 나의 성실함을 보고 '동민이는 타지에 가서도 잘 이겨내고 성장할 수 있을 것'이라는 생각과 감독님 본인의 축구 훈련법이 브라질보다 뒤처지지 않는다는 확신을 받기 위해 나를 브라질로 보냈다. 시험을 한 것이다. 내가 브라질에서 축구를 배우며 성장한 모습과 감독님이 국내에서 직접 가르친 제자들의 성장 모습을 비교해보기 위해서였다. 그때 감독님의 축구 교육 철학은 브라질 삼바에서 비롯된 브라질 특유의 '징가'라는 하나의 스탭이자 드리블 기술이었다.

입국이 거부되다

브라질행을 결심하고 서울로 올라가 모 초등학교 선수들과 함께 브라질에 갈 준비를 하고 같이 훈련도 했다. 그 친구들은 구력이 이미 2년 이상의 선수들이었다. 대구에서 작은 동네의 1등이자 축구를 시작한 지 6개월 된 나와는 수준이 달랐다는 것이다. 나는 근거 없는 자신감만 넘치는 '우물 안의 개구리'였다. 태어나서 처음으로 열등감을 느껴봤던 나에게는 꽤나 충격적이었고 좌절할 만했지만 마음 한쪽에는 설렘이 가득했다. 새로운 세계를 알게 되고 그들을 이길 것이라는 또다른 목표가 생겼기 때문이다. 13년 인생에 처음으로 부모님 곁을 떠나 새로운 도전을 하는 시간이 되었다.

서울의 한 초등학교 감독님과 초등학생 4명이 브라질행 비행기에 올랐다. 당시에는 직행으로 가는 비행기가 있었지만 엄청난 비용이 들었고 가장 보편적인 경로가 홍콩과 남아공을 경유하는 것이었다. 아버지는 일 때문에 인천공항까지 마중 나오지 못했고 어머니와 둘이 공항으로 갔다. 하지만 아버지는 서울로 가기 전 나에게 작게 접은 종이 편지 7편을 주며 힘들 때마다 읽어보라고 했다. 그 말과 함께 지금부터 아버지와 나의 2년을 건 '내기'가 시작되었다고 하셨다. 2년 후 나의 축구선수로서 성장과 아버지의 사업가로서 성장을 걸고 말이다. 사실 아버지는 잊어버리셨을지 모르겠지만, 나 스스로는 이 내기를 지금까지 이어가고 있다.

비행기 안에서 대한민국이라는 나라를 처음 내려다보면서 나는 한 영화의 주인공처럼 큰 꿈을 품고 갔다. 인천공항에서 경유 시간 포함 브라질 상파울루 공항까지 걸리는 시간은 48시간. 공항에서 밥도 먹고 잠도 자고 옆자리 외국인과 영어로 대화도 해보고. 기내식이 너무 맛있어서 남으면 더 먹고, 나름 재미난 비행이었다.

그렇게 비행을 마치고 착륙해 상파울루 공항에서 다양한 인종의 사람들이 내뱉는 여러 언어를 들으면서 입국 심사를 기다리고 있었는데, 느낌이 심상치 않았다. 계속 영어로 기다리라는 말뿐 통과를 시켜주지 않는 것이다. 그러곤 인솔자였던 서울의 초등학교 감독님 만 가서 이야기를 했는데, 잠시 뒤 감독님은 내게 오더니 나를 데리 고 한국으로 돌아가는 비행기로 가는 게 아닌가. 그렇게 나는 어이 없게도, 한국행 비행기에 다시 오르고 말았다. 쉴 틈도 없이 비행기 와 공항에서 4일을 보낼 수밖에 없었다.

그래도 여전히 가고 싶었다

반강제로 한국으로 돌아와 부모님께 들은 입국 거부 이유는 매 우 어처구니없었다. 당시 한창 아시아 아이들의 노동 착취가 전 세 계적으로 문제가 되었던 시기라 아무런 서류 없이 간 우리를 입국 시켜주지 않았다는 것이다. 대한민국의 인권 수준을 아시아 전체 평균 인권 수준으로 내려 생각했던 게 아닌가 싶었다.

그렇게 다시 한국으로 돌아온 나에게 3주 정도의 시간이 주어졌 다. 대구로 내려가 다시 운동을 하고 일상적인 생활을 하던 중 아버 지가 다시 물으셨다. "너, 그래도 다시 가고 싶나? 포기하라는 하늘 의 뜻일 수도 있다." 하지만 축구가 너무 좋은 13살 아이에게 하늘 의 뜻이 귀에 들어올 리가 당연히 없었다. 다시 브라질로 입국하기 위한 서류 준비를 마치고 2007년 12월 24일, 크리스마스 이브 날 나 는 다시 브라질로 떠났다.

브라질, 불안하고 가난한 도시에서
배운 '축구'가 아닌 '인생'

내 별명은 '자랑스러운' 짱깨?

브라질에서 내가 살던 지역은 포르투갈 국가대표 '데코' 선수와 브라질 풋살로 엄청난 명성을 떨친 '팔카오' 선수가 살았던 상베르나르도였다. 브라질 상파울루 공항에 도착해 내가 앞으로 살게 될 상베르나르도까지 이동하면서 나는 한국과 다른 풍경과 날씨를 느끼며 브라질에 도착했다는 것을 자각하고 있었다.

브라질의 첫 훈련은 도착하고 3일 뒤에 시작되었다. 브라질 사람들은 한국어 발음을 하기 어려워한다. 그래서 한국 사람에게는 항상 별명을 붙여주었다. 브라질 코치는 내 생김새와 성격이 나보다 먼저 브라질로 축구 유학을 온 선배(그 선배는 현재 인천 유나이티드 팀에서 매니저와 통역을 맡고 있다)와 닮았다고 그 선배의 별명인 '짱깨'를 똑같이 붙여줬다. 그때는 내가 '짱깨'의 의미를 잘 몰라 부모님께 보내는 안부 편지에서 내 브라질 별명이 '짱깨'라며 자랑하던 기억도 있다. 그때 부모님은 내 편지를 읽고 상당히 당황했을 것이라고 생각한다. 하지만 나는 17살이 될 때까지 짱깨가 포르투갈어인 줄 알았다.

자연스럽게 배운 훈련의 양이 아닌 질과 강도

나는 무엇보다 브라질 코치에게 인정받고 싶었다. 하지만 현실은 냉정했다. 간단한 훈련조차 잘 따라가지 못하고 코치님께 매 순간 혼나고 벌 받고 무시당했다. 축구선수로서 자존감이 많이 떨어진 시기였지만 축구가 너무 좋았다.

브라질 코치님은 철저하게 실력으로 선수를 평가하고 대했다. 남들보다 더 노력할 수 있는 환경도 갖춰지지 않았다. 브라질은 치안이 매우 위험한 나라였기에 동양인 꼬마가 밤에 텅 빈 운동장에서 혼자 연습을 하거나 훈련을 한다는 것은 자살행위나 다름없었다. 다른 방법을 찾기에는 지금 시대처럼 인터넷이 발달한 시절도 아니었다. 정보는 귀했고, 자료를 취합할 수 있는 공개된 방법도 별로 없었다.

그래서 나는 좋은 습관 하나를 자연스럽게 터득했다. 바로, 본 훈련을 할 때 100%, 아니 120% 집중해서 하는 습관이었다. 대개는 지도자가 되고 나서 이 간단한 습관이 정말 좋은 선수를 만들어준다는 사실을 깨닫곤 한다. 나 역시 현재 많은 선수들을 보고 만나고 있지만, 정말 좋은 선수들은 남들보다 개인 훈련을 더 많은 하는 선수가 아니라 본 훈련 때 남들보다 더 많은 노력을 한다는 것이다. 피지컬 코치가 된 지금은 이런 습관이 정말 효율적인 방법이라는 것을 안다. 양이 중요한 것이 아니라 한 번의 훈련에서 보이는 질과 강도가 더 중요하다는 것이다. 그런데 나는 당시, 그것도 모른 채로 그 간단한 습관을 몸에 익혀가고 있었다. 어쩌면 브라질의 위험천만한 치안이, 나에게 자연스럽게 효율적인 훈련 시스템이 몸에 배도록 했는지 모른다.

축구가 아닌 인생을 배웠어요

브라질은 유럽계 백인과 혼혈인종, 흑인과 인디언 등이 고루 모여 사는 다인종 국가로 세계 5위의 국토 면적을 자랑한다. 그러나 넓은 국토 면적에 비해 국가 경제력은 낮아 빈부격차가 매우 심하다. 아직 가치관이 명확하게 형성되지 않은 시기에 브라질의 다양한 인종과 문화를 접한 것은 내게 값진 경험이었다.

그러나 매우 값진 경험만큼 어린아이가 치러야 할 대가도 있었다.

첫째, 어린 나이에 다름은 매우 큰 놀림거리 중 하나였다. 브라질에는 한국인보다는 일본인과 중국인의 이민 비중이 높았다. 그래서 항상 동양인인 나를 보면 일본인, 아니면 중국인이라 불렀고, 손으로 눈을 찢는 행동이나 성적인 비하 등을 하는 사람도 있었다. 어느 날은 지나가는 차에서 나를 보며 비속어와 함께 손짓으로 욕을 하고 지나가는 사람도 있었다. 그 모습에 욱한 내가 상대에게 같이 같은 행동을 보이면 다시 내 쪽으로 차를 돌려 오는 이들도 있었다. 그럴 때면 놀라 도망쳤지만, 마음속 울분은 가라앉지 않았다. 어린 마음에 당시엔 그런 행동이 그렇게 위험한지도 몰랐지만 지금 생각해보면 정말 목숨을 건 행동이었다고 생각한다.

두 번째 어려움은 당연히 언어의 장벽이었다. 브라질인들은 영어를 잘하지 못했다. 그리고 영어를 하더라도 그 나라의 발음이 섞여 이해하지 못할 정도였다. 물론 그렇다고 내가 영어를 잘하는 것 또한 아니었다. 지금처럼 파파고나 구글 같은 번역기가 존재하지 않았고, 스마트폰이 있는 시절도 아니었다. 그런 내가 3개월쯤 지나니 자연스럽게 학교에서 친구들과 소통을 하고 그들의 말이 들리기 시작했다. 6개월쯤 지나니 일대일 소통에는 큰 문제가 없을 정도가 되었다. 언어가 되니 같이 운동하는 선수들과 친밀도도 쌓고 운동장에서 나를 믿어주는 느낌을 받기 시작해서 자신감도 퍼포먼스도 늘었다. 나는 이때 배운 포르투갈어를 지금까지도 까먹지 않고 구사하고 있다.

세 번째는 배고픔이었다. 남들은 유학이라 생각하면 되게 호화로운 생활을 했을 것이라고 착각하는데 나의 유학 생활은 달랐다. 기억해보면 항상 배고팠다. 집에서 음식을 해주는 분의 음식 솜씨는 형편없었다. 한국처럼 매일 다른 반찬이 나오는 것도 아니었다. 13~15세면 가장 잘 먹고, 먹는 즉시 성장과 이어지는 시기이다. 그럼에도 불구하고 먹을 것이라고 생각되면 항상 남기지 않고 먹는 허기진 일상이었다. 하지만 매일 아침 배고픔을 느끼며 학교에 갔고 매일 밤 배고픔을 느끼며 잠에 들었다. 정식으로 인정된 유학이 아니었기에 국립 학교가 아닌 사립 학교에 다녔다. 브라질 동네에서도 나름 잘 사는 애들과 함께 교육을 받았다. 그들은 항상 부모님이 학교로 함께 오고 가고 했다. 나는 교통비가 없기에 걸어서 편도 2시간 거리를 2년 동안 다녔다. 등교 시간은 7시 30분까지여서 5시에 눈을 떠 씻고 나갔다. 여름엔 괜찮았지만 겨울에는 보일러 가스가 없으면 새벽에 찬물로 씻고 출발하기도 했다.

아침을 먹고 간 날은 없었다. 아직까지도 그때의 거리 광경, 새벽에 내 발소리를 들으면 힘차게 짖어대던 어느 상점의 핏불테리어 소리, 나를 신기한 시선으로 바라보는 사람들이 생생하게 기억에 남는다. 지금 생각해보면 열악했지만, 그때는 자각하지 못했다. 왜냐하면 같이 운동을 하는 브라질 친구들은 그나마도 일주일에 한 번 씻을 수 있을까를 고민했던 상황이었기 때문이다.

한편 간식 시간만 되면 학교 친구들은 매점에 가서 맛있는 핫도그를 사 먹었다. 그런 그들을 부러워하며 가끔 한 입만 달라고 구걸하기도 했다. 나중에는 학교에서 반 친구들이 나를 '한 입만'이라고 놀릴 때도 있었다. 그들의 기억에는 지금의 K-pop이 아닌, 한국인은 가난하다는 인식이 더 클지도 모르겠다는 생각이 든다.

그러나 부모님은 내가 이렇게까지 배를 곯고 있는 줄은 꿈에도 알지 못했다. 부모님은 유학 에이전트를 통해 충분한 유학비를 보내준다고 생각하고 계셨기에, 내가 기본적인 의식주조차 제대로 제공받지 못한다는 것을 알 수가 없었다. 게다가 나는 내 처지를 부모님께 사실대로 말씀드리지 않았다. 지금처럼 스마트폰이 발달한 시절도 아니었고, 국제전화를 쓰기 힘들었던 시절이었다.

그리고 나는 무엇보다, 브라질 코치에게 잘보이고 싶어서 눈치를 보기도 했고, 부모님이 걱정하실 생각에 차마 말을 꺼내지 못했다. 그렇게 2년 동안 나는 어머니 목소리를 고작 5번 이내, 그리고 아버지 목소리는 들어보지도 못한 채 브라질에서 축구를 배웠다. 내 기억에는 지금도 브라질에서 축구를 한 기억보다 살아남기 위한 기억이 더 크게 남아 있다.

덕분에 아직도 '헝그리 정신'이 내 생활 습관에 자리 잡혀 있다. 지금 생각해보니, 내가 브라질에서 배웠던 것은 축구이기 이전에 인생이 아니었던가 생각한다.

브라질은 기술 축구?
왜 한국보다 더 뛰지?

나는 브라질의 체계적인 명문팀에서 훈련한 것이 아니다. 우리 지역은 3부 리그 팀이었고 지도자들도 정식 교육 코스를 밟지 못한 지도자였을 것이다. 보통 브라질로 축구 유학을 가면 명문 구단인 네이마르를 키운 '산토스' 또는 브라질의 빅 클럽인 '코리티안스', '파우메이라스'에 가는 것이 보편적이다. 쉽게 생각하면, 나는 그런 곳에 유학을 간 선수들과 비교하자면 사기를 당한 것이다. 하지만 선수들의 수준은 사기가 아니었다. 현지의 느낌을 더 잘 느낄 수 있었고 더 배울 수 있었다.

더운 날씨 속 준비 운동이 조깅 40분이었다. 나를 비롯해 브라질 유학을 권유한 초등학교 감독님도 현지에서는 당연히 기술 훈련이 중심일 것이라고 생각했다. 한국에서부터 배운 브라질 특유의 스탭인 '징가'의 완성도를 높이기 위한 유학이라고 생각했다. 하지만 브라질은 기술보다는 체력 훈련과 전술이 많았고, 브라질 코치와 14세부터 지하 차고지에 있는 허름한 체력 단련실에서 웨이트 트레이닝을 했다. 웨이트 트레이닝을 전문성을 가진 지도자가 진행한 것이 아니었다. 강도와 목적이 존재하지 않는 브라질 코치의 경험적인 훈련이 가득했다. 항상 고강도 훈련과 어린 나이에 무거운 무게의 훈련을 지속하였다. 지금 한국에서는 많은 지도자들과 부모님들이 어린 나이에 무거운 무게를 활용한 웨이트 훈련을 키 성장 때문에 지양하는 경향이 있다. 하지만 나는 브라질에 있는 2년 동안 자그마치 24㎝의 성장을 보였다. 많은 해외 논문과 저널에는 적당한 웨이트 훈련이 성장에 도움을 준다는 이야기가 있다. 하지만 그 적당함의 정도가 개인적으로 다르기 때문에 훈련을 설계하기에 어려움이 있다.

내 브라질에서의 훈련은 브라질의 화려한 기술보다는 체력 훈련, 경기를 준비하기 위한 전술 훈련이 중점적이었다. 하지만 내가 느낀 것이 하나가 있다. 브라질은 축구가 하나의 문화이다. 어린 나이부터 공을 자연스럽게 접하고 다루며 함께 살아간다. 그래서 한국인보다 기술이 좋을 수밖에 없다. 과학적으로도 인간의 신경계는 4세쯤 80%가 완성된다. 그런 나이 때부터 공을 다루고 자란 다면 신경 단위인 뉴런은 자연스럽게 공을 다루는 능력이 발달할 것이다. 그렇게 자란 아이들과 함께 축구를 하기 위해서는 볼 다루는 스킬을 그들만큼 성장시키기보다는 축구를 늦게 시작한 나는 그들의 볼을 뺏기 위한 수비 능력을 향상시킬 수밖에 없는 구조였다. 그래서 브라질에서 한국으로 돌아왔을 때 많은 지도자들이 나에게 브라질 유학파인데 기술보다는 수비 능력이 좋다는 평가를 많이 해줬다. 이런 경험을 바탕으로 왜 세계적인 브라질 출신 수비수들이 자주 발굴되는지 알게 되었다.

드디어 귀국,
그러나 현실은…

가족과의 재회

브라질에서 2년을 보내는 동안 나는 소중한 경험을 많이 했다. 밤마다 들리는 낯선 총소리, 가난하지만 진정한 가족 간의 따뜻한 온기를 느낄 수 있었던 브라질 빈민가에서의 생활, 포르투갈어를 유창하게 습득할 수 있게 된 일, 다양한 인종의 선수들과 훈련을 하고 각종 대회에 참가하는 등의 일은 열다섯 소년이 겪을 수 있는 최고의 경험이라고 생각한다.

2년이라는 시간은 지금의 나에겐 짧게 느껴지지만 성장하는 유소년 시기에는 정말 긴 시간이다. 그 시간을 마치고 인천 국제공항에 도착하던 날, 우리 가족은 모두 공항에 나와 나를 기다리고 있었다. 하지만 나는 가족을 본 순간 크게 당황했다. 내가 기억하던 우리 부모님의 모습과 너무 달랐기 때문이다. 2년 동안 내 키는 무려 20㎝ 넘게 컸다. 나와 비슷한 눈높이였던 어머니는 나에겐 너무나 작으셨고 나에게 너무 크게 느껴졌던 아버지는 나와 눈높이가 비슷했다. 공항에서 어머니는 훌쩍 큰 나를 보고 너무 놀라서 당황하시고, 또 무탈하게 잘 돌아와서 고맙다고 웃음과 울음을 동시에 보이셨다. 아버지는 늘 그렇듯 겉으로는 티를 내지 않고 계셨지만, 아버지 옆에 어색하게 서 있는 동생들을 보며 정말 한국에 잘 왔다고 생각했다.

우물 안 개구리의 부끄러운 대답

나는 브라질로 가기 전 아버지와 하나의 내기를 했었다. 내가 브라질에서 축구를 하는 기간 동안 내 축구 실력의 성장과 내가 브라질에 있는 기간 동안 아버지 사업에 대한 성장으로 대결을 했었다. 공항에서 인사를 마친 후 우리 가족은 함께 집으로 이동하기 위해 공항 주차장으로 가는데, 당시 A사의 대형 세단 차를 타는 것이다. 내 브라질에서 2년의 삶과 경험상 TV에서나 볼 수 있고 엄청난 브라질의 부자들만 탈 수 있는 차를 아버지는 운전하셨다. 대구로 내려가는 길 아버지는 나에게 이런 말씀을 하셨다.

"니, 아버지 이길 수 있겠나?"

그렇다, 아버지도 브라질을 가기 전 나와 아버지의 성장 대결을 잊지 않고 있었던 것이다. 아버지의 그 물음은 2년이 지난 지금도 여전히 아버지를 이길 수 있겠냐는 질문이었다. 아버지는 본인의 성장을 경제력으로 증명했다. 나의 성장은 축구로 보여야 했고 당연히 브라질 가기 전의 나보다 더 잘했기에 확신을 가지고 자신감 있게 당연하다고 대답했다. 하지만 축구를 시작한지 고작 2년 된 나는 우물 안 개구리였다는 것을 지금 와서 많이 깨닫고 그 순간을 떠올리면 가끔 부끄럽기도 하다.

한국 적응기

대구에 도착했다. 우리 집은 다른 곳으로 이사를 해 있었다. 새로운 집에는 내 방도 없었고, 내가 있던 흔적을 찾기가 어려웠다. 내가 짐을 푸는 사이 어머니는 밥상을 차리셨다. 맛있는 식당에 갈 수도 있었지만 나는 어머니의 밥이 너무 그리웠다. 아직도 기억난다. 많은 반찬이 있진 않았지만 김이 모락모락 나는 밥에 따뜻한 제육볶음, 김치와 김, 그리고 밥을 먹고 난 뒤 깎아서 내주시던 사과까지 말이다. 나는 브라질에서 과일을 정말 못 먹고 살았다. 그래서 과일을 먹는 집은 부잣집인 줄 알았다. 가족과의 한 끼로 브라질의 힘들었던 2년이 완전히 녹아내렸다.

아버지는 내 진로에 대해 고민이 많으셨다. 나를 브라질 유학으로 연결해준 초등학교 감독님과 많은 대화를 나누시더니 나를 대구가 아닌 수도권 학교로 보내셨다. 아버지는 항상 남자는 큰물에서 놀아야 한다고 강조하셨기에 나도 대구가 아닌 수도권으로 가는 것에 동의를 했다. 당시 나는 한국의 축구 명문 중학교를 제대로 알지도 못했고, 또 많은 중학교는 내가 브라질 유학파라는 사실 하나만으로 검증되지도 않은 학생에게 입학 허가를 내주지는 않았다.

수도권 학교로 입학 전까지 나는 대구에서 혹독한 훈련을 받았다. 고된 훈련에 온몸에 쥐가 나기도 하고 몸살로 며칠을 누워있기도 했다. 이른바 '한국식 훈련'이라는 것에 적응하기 힘들었다.

'훈련 희열'

브라질을 유학을 권유해주신 초등학교 감독님은 내가 유학을 다녀온 2년 동안 본인의 축구 철학을 제자들에게 고스란히 녹여냈다. 감독님의 제자들의 발 기술은 브라질에서 본 웬만한 선수들보다 좋았다. 반면 내 기술은 형식적이었다고 할 수 있다. 대신 감독님께서 칭찬하고 놀랐던 부분은 바로 수비력이었다. 기술을 향상시키기 위해 브라질로 유학을 보낸 것이었는데 의도에 맞지 않게 힘과 수비력이 좋아졌다는 것이다.

당시 감독님은 말씀하셨다. 나는 한국의 기다리는 지연식 수비가 아닌, 타이밍을 보고 들어가는 공격적인 수비를 한다고 말이다. 이 수비 방법은 중학교 팀 테스트에도 통했다. 나는 대구에서 훈련을 마치고 3개의 중학교 테스트를 봤다. 서울의 천호중학교와 개원중학교, 그리고 김포에 있는 통진중학교가 그 대상이었다. 결과는 3개 학교의 입단 테스트를 모두 통과했다. 당시 시기가 8월쯤이었는데 중학교 감독들 입장에는 기존에 있던 3학년 진학 예정의 선수들과의 조화 때문에 전학생 입학에 대한 고민이 많았을 텐데도 나의 입학을 허가했다. 아무래도 내가 수비력이 좋고, 또 수비

수이지만 볼을 다루는 능력이 좋기 때문에 가능성이 있다는 평가를 많이 했다.

나는 세 학교 가운데 통진중학교를 선택했다. 중학교에 입학하고 나서부터는 빠르게 한국 엘리트 축구 문화에 적응했다. 사실상 나에겐 한국에서 맞는 첫 엘리트 축구선수 생활이었다. 단체로 밥을 먹고 학교에 가고 훈련을 하고 잠을 자고, 그저 마냥 재밌었다. 하지만 나 자신과의 약속이 하나 있었다. 내가 이 팀에서 가장 열심히 하자는 것이었다. 그렇게 한국 중학교 시절은 나에게 팀에서 가장 운동을 많이 한 시기로 남아 있다. 새벽 운동은 물론 야간 운동을 빠짐없이 나갔으며 방학 때는 새벽, 오전, 오후, 저녁 4번 또 어느 때는 야간에도 몰래 나가 줄넘기를 하면 5번씩 할 때도 있었다. 나는 누가 시켜서 하는 운동보다 개인적인 시간에 훈련을 하는 것을 좋아했다. 옆 친구가 쉬거나 자는 동안 훈련을 더 했을 때 얻어지는 희열감이 무엇보다 컸기 때문이다. 그때의 그 희열과 기쁨은 겪어보지 않으면 상상할 수 없을 것이다.

한국에서 가장 열심히
공부하는 축구선수

책벌레 축구선수

돌이켜보면 우리 아버지는 참 독특했다. 나는 분명 축구선수가 되고 싶다고 축구를 시작했는데 자신감과 도움을 주지 못할망정 항상 "니는 축구를 못하니까 꼭 공부를 놓지 마라"고 하셨다. 휴가 때 대구에 내려가면 아버지는 나에게 축구 훈련을 시키는 대신 절에 데려가 1시간 이상 명상을 시키거나 서점에 데려가 원하는 만큼 책을 사주셨다. 축구선수인 나에게 축구화를 사준 적 없고 책만 사준 것이다.

"너는 축구선수이기 전에 학생이다. 수업에 들어가서 공부가 하기 싫으면 내가 고른 책을 읽고 메모를 하거나, 읽기도 싫다면 항상 책을 들고 다니기라도 해라"라고 아버지는 말씀하셨다. 중학교 때 전국 대회 4강 진출과 권역 리그 무패 우승을 했던 팀의 주축 선수였던 나에겐 아버지의 이 같은 말씀이 너무나 당황스러웠다. 그래서 나는 중학교 때 학교에서 별명이 책벌레였다. 축구부가 아닌 일반 학생 친구들과 선생님들은 내가 정말 책을 좋아하고 공부를 좋아하는 줄 알았다. 하지만 나는 그런 관심이 싫지 않아 어디를 가든 책을 꼭 들고 다니는 계기가 되었고, 지금 피지컬 코치가 된 나에겐 가장 중요한 습관이 된 시발점이라고 생각된다. 나중에 알게 된 사실인데, 중학교 때 감독님이 고등학교 감독님께 나를 공부 잘하고 책을 읽는 축구선수라 소개를 했다고 한다.

스코틀랜드 유학을 포기할 정도로 빠져들던 고등부 축구팀

내 축구 인생을 돌이켜보면 고등학교 때가 가장 좋았던 시기였던 것 같다. 고등학교 진학 시기쯤 통진고등학교, 중대부고등학교, 용호고등학교 세 곳에서 스카우트 제의가 왔다. 사실 내가 원하던 학교는 중대부고등학교였다. 통진고등학교는 명문이지만 통진이라는 시골에서 벗어나고 싶었고 용호고등학교는 들어본 적이 없기 때문이다. 하지만 나는 용호고등학교에 진학하게 되었다. 창단 이래 좋은 성적을 한 번도 낸 적이 없고, 역사 또한 그리 길지 않은 학교다. 하지만 내가 진학하게 된 시기에 경험이 많으신 감독님께서 부임하셨기에 좋은 선수들이 수소문 끝에 몰려들어 화제가 되었다. 바로 전 안산 그리너스 FC의 감독이다.

나의 고등학교 은사님은 많은 국가대표 선수들을 배출한 지도자이다. 축구에 조금이라도 관심이 있다면 은사님의 제자를 한 번쯤 들어봤을 것이다. 이천수, 김정우, 박용호, 조용형, 이근호, 김승용, 최태욱, 하대성 등 무수히 많다. 심지어 1학년 동계 훈련 때는 김승용 선수와 함께 방을 쓰며 훈련을 하기도 했다. 좋은 감독님 밑에는 좋은 코치님들도 엄청 많았다. 지금 와서 돌이켜보면 고등학교 팀에 있을 코칭스태프 구성이 아니었다. 전 대전 하나 시티즌의 김종영 수석코치, 동국대학교 축구부 안효연 감독, 대한축구협회 조세권 전임지도자, 전 고려대학교 고민기 수석코치, 스포잇(SPOIT) 권정혁 대표, 브라질 피지컬 코치 및 골키퍼 코치 등 많은 분들께 배웠다.

당연히 좋은 지도자들 밑에서 배우니 자신감도 붙고 1학년 때는 무서울 팀이 없을 정도였다. 동계 훈련 연습경기를 가면 동급 나이 또래 선수들과의 경기에서 우리 팀이 10골 넘게 넣은 적도 있었다. 우리 팀 선수들은 대표팀까지 차출되며 인정받던 선수였다. 나 역시 그 팀에서 1학년 때부터 3학년 경기를 뛰면서 경험도 쌓고 팀 내에서 인정도 받으며 정말 열심히 1년을 보냈다. 고등학교 1학년 초반, 아버지가 스코틀랜드 유학을 권유했지만, 이 팀과 한국에서의 축구 환경을 떠나고 싶지 않아 거절하기도 했다(지금 생각해보면 맹목적으로 눈앞만 바라봤기에 내린 바보 같은 선택이 아니었나 싶지만, 당시의 나는 그 정도로 우리 고등학교 축구팀만 바라볼 만큼 좋았다).

1, 2학년 동안 3학년 경기 출전으로 인해 많은 경기를 치르고 지속적인 개인 운동으로 성장하는 좋은 시절만 보냈다. 하지만 제일

중요한 시기인 3학년 때는 180도 반대였다. 지금 생각해보면 번 아웃이 온 것이다. 1학년부터 지속된 많은 경기와 훈련량으로 몸과 정신이 다 지쳤다. 그런 상황에 큰 부상이 왔다. 전방십자인대 부분 파열이었다. 병원에서는 수술 혹은 긴 시간의 재활이 필요하다고 했다. 나의 아버지는 어릴 적부터 수술을 많이 하셨다. 그런 경험이 있었기에 나의 수술을 절대 반대하셨고, 고등학교 은사님도 3학년은 대학 진학의 가장 중요한 시기이기에 재활을 잘 받은 후 운동장에 복귀하여 경기를 뛰길 바랐다. 하지만 모든 것은 계획대로 되지 않았다. 재활 시기도 늦어지고 운동장에 복귀하고 싶다는 마음과 목표도 흐려져 버려 결국 3학년 1년을 놀기만 했다.

커닝으로 오해받는 공부법

3학년 진학 시기에 1년을 쉰 선수를 받아줄 대학교는 없었다. 하지만 감독님께서 수소문 끝에 내가 공부에도 관심이 있고 외국어를 잘하는 것을 생각해, 당시 막 창단을 준비하던 부산외국어대학교 축구부에 나를 추천해주셨다. 감독님은 그곳이 창단 팀인 만큼 운동과 공부를 병행할 수 있는 환경이라 했다. 사실 나에겐 선택지가 존재하지 않았다. 3년 중 2년을 죽어라 열심히 한 결과가 부상이고, 1년 동안 축구라는 끈을 놓지 않았는데, 돌아온 결과는 지방대학교 창단 팀이었다. 같은 고등학교 동기들은 전부 3학년 때 전국대회 준우승이라는 타이틀을 가지고 명문대학교 혹은 서울권 대학교에 진학하였다. 자존감이 떨어질 법도 했지만 내 성격이 워낙 긍정적이라 나만 잘하면 성공할 길은 분명 있을 것이라고 믿었다.

운이 좋은 사람들의 특징이 있다. 바로, 필요한 시기에 적절한 인물이 나타난다는 것이다. 갓 창단한 팀에 남아공 월드컵을 다녀온 정해상 전 국제심판이 있었다. 대학교 은사님은 나의 성실함을 높게 평가하시며 공부와 운동을 병행하는 방법을 알려주시고 방향성을 잡아줬다. 하지만 초등학교 이후로 공부를 해보지 않은 엘리트 선수 출신들은 알 것이다. 공부를 시작하는 게 얼마나 어려운 일인지 말이다. 수업 시간에 잠만 자던 나에게 수업에 집중하고 토론을 하며 과제를 한다는 것은 너무나 생소했다. 거기다 책상에 오랜 시간 앉아 있지 못했다. 차라리 운동하는 것이 더 편하다고 생각할 정도였다.

그래도 주변 동기들에 비해 능률이 좋은 편이었는데, 그 이유는 책을 꾸준히 읽었기 때문이지 않을까 생각한다. 대학교 첫 시험 기간이 기억에 남는다. 매 수업 교수님들께서 시험 범위와 중요한 것들을 알려주셨다. 공부하던 학생들은 대충 중요한 부분을 인지하고 그 부분을 중점적으로 공부하지만, 나는 그런 노하우가 없었기에 아주 두꺼운 전공 서적 50페이지 분량을 모조리 외웠다. 토씨 하나 틀리지 않고 모든 내용을, 그것도 다섯 과목 전 과목을 몽땅!

내 시험지를 받아 든 교수님들도 놀라셨을 것이다. 말 그대로 책의 내용을 '있는 그대로 똑같이' 적어냈으니까. 커닝을 한 게 아니냐는 오해를 받기도 했지만, 100% 외우는 것은 공부를 해본 적 없던 나에겐 최고의 노력이었다.

대학교 2년 동안 공부와 축구만 한 것도 아니다. 심판 출신이던 은사님의 추천 덕분에 나는 풍부한 경험을 훨씬 많이 할 수 있었다. 평일은 공부와 훈련 및 경기를 뛰었고, 주말에는 초·중·고 심판 활동을 다니며 축구를 바라보는 시야를 넓힐 수 있었다. 심판 활동을 다니면서 심판 인맥이 생기자 대학축구 주말 리그 경기 중 선수로 뛰면 종종 안면이 있는 심판 선배들을 만나 인사도 나눴다. 대학 이후 내셔널 리그에 입단하고도 심판 선배들을 경기장에서 만나며 인사를 하고, 심지어 현재 프로 팀 지도자로 일을 하면서도 친분이 있는 심판 선배들과 경기장에서 눈으로 인사를 나누고 있다. 프로 팀에 지도자로 있으면 심판과 인사를 하고 이야기를 나누는 것만으로도 승부 조작과 같은 오해를 받을 수 있기에 가끔 연락을 못하는 게 아쉽기도 하다. 선수가 심판과 친분이 있고, 더구나 어린 나이의 지도자가 프로 심판들을 안다는 것이 사실 생각해보면 재밌는 관계이다. 내가 대학생 때 다양한 경험을 했기에 가능한 것 같다.

대회를 가도 자격증을 준비하는 선수

나는 잠을 굉장히 중요시하는 선수였다. 지도자가 된 지금도 수면 패턴에 대한 강박증이 있을 정도이다. 하지만 시험 기간 때는 달랐다. 커피를 몇 캔이나 곁에 두고 하루에 3시간씩 자면서 일주일 이상을 공부에 투자했다. 책에서 이런 식의 공부 체험담 이야기를 읽었을 때는 저자들의 말을 잘 믿지 못했다. 그런데 내가 직접 하니까 정말 믿게 되었다. 책상에 앉아 있는 게 점점 익숙해지고 공부에도 나름 노하우가 생겨 적은 시간을 투자해도 좋은 성적을 받게 되고 성취감도 올라 더 노력하게 되었던 것 같다.

공부와 시합 준비를 병행하면서 가장 힘들었던 것은 시험 기간과 리그 경기 일정이 겹칠 때였다. 그때는 밤새 공부를 하고 경기를 뛰었다. 그래서 경기를 뛰면서도 비몽사몽하고 움직임에 대한 반응들이 평소보다 늦기도 했다. 그러나 우리 팀원들의 경기 성적은 나쁘지 않았다. 공부와 축구를 병행한다고 해서 성적이 하위권이거나 하지는 않았다.

2015년도엔 저학년 대회에서 8강까지 진출하는 쾌거를 이루기도 했다. 당시 대회 기간 동안 대학교 감독님은 지인들에게 이런 말을 들었다고 한다. "부산외대 선수들은 똑똑해서 전술 이해도가 좋은 거야?" 그럼 감독님은 그저 웃기만 했다고 한다.

저학년 대회 때 또 다른 재미난 기억이 있는데 당시 피지컬 코치 쪽으로 따고 싶은 자격증이 있어 묵던 리조트 로비에서 훈련과 경기 시간 외에는 공부를 했던 기억이 있다. 당시 그 리조트에는 6개의 대학팀이 묵고 있었는데 8강까지 4개의 대학교는 떨어지고 호원대학교와 우리 대학만 남았었다. 그 후, 내가 부산교통공사 축구단으로 취업했을 때 같이 입단했던 동기 중 한 선수가 호원대 출신이었는데 나랑 이야기를 나누다가 내가 외대 출신이라는 소리를 듣자 여름 대회 때 외대랑 같은 리조트를 쓰지 않았냐며 그때 로비에서 대회 기간 중에도 계속 공부만 하던 선수가 있지 않았냐고 물었다. 대회 기간 중에도 공부와 축구를 병행하는 독특한 선수가 기억에 남는다고 내게 말했다. 그 독특한 선수가 바로 나였던 것이다.

피지컬 코치가 되라고요?

2학년을 마칠 때쯤 나는 여러 고민이 들었다. 바로 주변 친구들이 군대를 가기 시작한 것이다. 그동안 살면서 딱히 군대에 대한 고민을 크게 해본 적이 없는데 막상 주변 친구들 몇 명이 이야기를 꺼내니 진지하게 고민이 되기 시작했다.

그 당시 내 성적은 4.25에 이수학점은 70학점으로 외대에서 조기 졸업이 충분히 가능한 수준이었다. 그래서 남은 대학교 기간 동안 조기 졸업을 준비하며 축구도 재미있게 해볼 수 있는 여건이 되어 있었다. 당시 은사님께서는 면담시간에 앞으로의 계획을 물으시면서 나에게 두 가지 말씀을 하셨다.

첫째는 내셔널 리그의 두 팀 정도가 내게 관심을 보이니 4년 졸업 때까지 축구를 계속한다면 그쪽을 연결해주겠다는 것과 두 번째, 피지컬 코치에 대한 관심이 있는지였다.

그때만 해도 피지컬 코치는 굉장히 생소한 직종이지만 은사님은 이미 프로 경기에서 심판 활동을 하며 프로 구단의 트렌드 변화를 인지하고, 해외 FIFA 교육에서도 심판 피지컬 훈련 및 교육을 받아본 상태라 앞으로 이 분야가 유망한 직종이 될 것임을 알고 있었다. 대학교 은사님은 나의 학업 성과와 축구선수 출신이라는 이점을 살려 피지컬 코치 준비를 한다면 정말 좋은 지도자가 될 것이라는 이야기를 하셨다. 그때 당시 이미 대학교 선배 중엔 피지컬 코치를 꿈

꾸며 브라질로 유학을 떠난 경우도 있었다(그 선배는 현재 여자 실업의 최
강인 인천현대제철 레드엔젤스 여자 축구단의 피지컬 코치로 일을 하고 있다).

축구를 굉장히 좋아했기에 시작했던 나에게 축구를 그만한다는
것은 매우 아쉬운 순간이지만 나는 과감하게 은사님의 조언을 듣고
군대행을 선택했다.

군대 전역 후 실업팀에서, 그리고 다시 대학생 신분으로

낙하산을 메고 뛰어내리며

12월 군 입대를 결심하고 급하게 빨리 입대할 수 있는 정보와 방법을 찾기 시작했다. 하지만 생각보다 군 입대의 절차가 까다로웠다. 그래서 빠르게 지원하고 입대할 수 있는 방법을 찾다가 눈에 들어왔던 것이 바로 '특전병'이었다. 사실 입대 전에는 특전병이 무엇인지 모르고 당시 지원율이 0.8 대 1이었기에 지원하면 바로 가능하겠구나 싶어서 지원했다. 특이사항이 있었다면, 1차 합격 후 체력 테스트와 면접을 보고 나서야 최종 결과가 발표되었다는 정도. 한창 선수 생활을 이어가던 시기라 체력에 대해선 자신 있었기에 1,500m 달리기, 팔굽혀 펴기, 윗몸 일으키기에서 체력 테스트 전체 1등을 기록하였다. 태어나서 처음으로 군인 간부들한테 명함을 받으며 특전사 지원해볼 생각 없냐는 제의를 받기도 했다. 이때까지만 해도 특전사가 무엇인지 잘 몰랐고, 내가 앞으로 어떤 일을 하게 될지 상상도 못 했다.

2016년 2월 1일, 매서운 바람을 맞으며 나는 논산 훈련소에 입대했다. 당시 연예인 이승기 씨가 훈련소 입대 동기여서 공수 교육과 특전병 교육을 같이 받았다. 교육 때는 같이 운동도 하고 서로 먼저 전화하겠다며 장난을 쳤던 기억이 있다. 특전병은 특전사 부대에서 같이 생활하기에 부대 내에서의 생활 자체는 힘들지 않다. 오히려 전방 부대 군인들보다 편할 것이다. 하지만 하나 다른 점이 있다면 바로 공수 훈련이다. 3주간의 훈련으로 1주 차는 축구선수 동계 훈련보다 더 지독한 체력 훈련, 2주 차는 낙하산 조종 훈련, 3주 차는 낙하를 진행한다. 살면서 언제 비행기에서 떨어져 보는 경험을 하겠는가. 낙하산을 메고 뛰어내리면 마치 자살하는 느낌이 들고, 이내 낙하산이 퍼지고 안정권에 들어서 땅을 바라보면 굉장히 뿌듯한 느낌을 받는다. 가끔 전역 후 인생의 어려움에 부딪혀 한 발 내딛기 어려울 때면 낙하산을 메고 뛰어내리기 위해 한 발 뻗은 순간의 감정과 정신을 되새기면서 도전을 하기도 한다.

'안 되면 되게 하라' 정신으로

축구선수 출신에게 군대라는 곳은 은퇴하고 가는 곳이나 마찬가지다. 운동선수를 위한 상무나 공익 선수 제도가 있지만, 그 기회를 잡기는 매우 어렵다. 하지만 나는 프로 선수가 되진 못했어도 전역 후 내셔널리그 팀에 입단하게 되었다. 그 과정에는 특전사라는 공수 부대의 특성이 매우 도움이 되었다. 처음부터 군대 전역 후 운동을 다시 할 거라는 생각을 하진 않았다. 누구나 전역이 1년 쯤 남은 시점에 전역 후의 인생에 대한 고민을 많이들 한다. 그 와 중에 내가 앞으로 축구 쪽 진로를 가지기 위해선 축구선수로서의 삶이 더 필요하다는 생각을 했고, 대학생에서 끝난 내 선수 커리어에 성인 무대의 경험이 있으면 더 좋을 것이라는 생각에 꾸준히 운동을 하기 시작했다.

운동은 입대하고부터 줄곧 꾸준히 해왔기에 오히려 전역할 때는 선수 시절보다 몸이 더 좋았다. 특전사 부대는 정말 운동을 하기 좋은 환경이다. 그 환경을 활용해 나는 새벽, 오전, 오후, 야간 하루에 네 번씩 꾸준히 운동을 하였다. 하루 4번씩 6개월을 꾸준히 훈련하는 것은 결코 쉬운 것이 아니다. 그래서 아침 점호마다 특전 신조인 '안 되면 되게 하라'를 외치며 전역 후의 나를 생각하며 마음을 다졌다. 남은 휴가조차 모조리 아꼈다. 사회에 나가 축구선수로 복귀해서 뛰려면 하루라도 빨리 축구에 특화된 훈련이 필요했기 때문이다. 그 결과, 전역 전 나는 40일의 장기 휴가를 내고 입단 테스트를 통과하기 위한 운동에 전념했다.

결국 내게도 기회가 왔다!

전역 후 두 팀의 테스트를 봤다. 축구선수로서 몸이 안 된 시기에 프로 팀에 도전하긴 어렵다고 생각해, 당시 대학교 은사님께서 마련해준 K-3 리그의 평택 시티즌과 내셔널리그의 부산교통공사 축구단 테스트를 보았다. 그러나 2년이라는 공백을 메우기란 쉽지 않았다. 그래도 학창 시절 죽어라 열심히 했던 기억밖에 없기에 묵묵히 열심히 준비했다. 그 노력 덕분인지 2017년 12월 부산교통공사 축구단의 테스트 합격 통보를 받았다. 10년 아마추어 축구선수 생활의 노력이 성과를 맺은 시기이다. 프로 선수는 아니지만 세미프로 축구선수로서 축구를 통해 돈을 번다는 것에 너무 뿌듯했다.

하지만 뿌듯함도 잠시, 2년 동안의 공백으로 인해 정상적인 축구선수로서의 신체 조건을 맞추기가 정말 힘들었다. 생활과 체력 모두 선수의 몸 상태가 아닌 나에게 동계 훈련은 상당히 힘들었고 시간이 지날수록 퍼포먼스는 저하되고 자신감마저 잃자 감독님과 코치님의 눈길도 점점 멀어졌다. 동계를 마치고 첫 경기 엔트리 발표가 있는 날 내 이름이 후보 명단에도 없었다. 후보 생활을 해본 선수들은 알 것이다. 소속팀 경기를 뛰지 못하고 소속감이 줄어들면, 한 번쯤은 상대 팀을 응원하게 되고, 급기야는 팀이 져서 나에게 기회가 오길 바랄 때가 온다는 것을 말이다.

아직도 기억한다. 지금의 경남FC 홈구장인 창원축구센터에서 창원시청축구단과 3라운드 경기를 치를 때였다. 평소와 같이 전날 경기 엔트리 선수가 발표가 되고 당연히 내 이름은 적혀 있지 않았다. 하지만 경기 당일 갑자기 주장 선수가 복통으로 인해 경기 엔트리에서 제외되고 갑자기 코치님과 면담을 통해 내가 경기를 준비하게 되었다. 당연히 주전으로 경기를 뛰지 않고 벤치에서 경기를 지켜보고 있었다. 전반전 1 대 0으로 지고 있는 상태에서 경기가 끝났고 하프타임 때 몸을 풀고 있는데 갑자기 코치님께서 나를 부르셨다. 믿지 못하는 눈빛을 비치며 "후반전에 바로 들어가니까 몸 잘 풀어라"라는 말을 남겼다. 그렇게 나의 성인팀 첫 데뷔전은 1 대 1 무승부로 끝났다. 끝나고 코치님께선 그래도 들어가서 적어도 비기긴 했으니 고생했다고 하셨다. 이 시점을 계기로 나는 감독님께 신임을 얻고 한 시즌 끝날 때까지 팀의 주축 선수로 자리 잡으며 30경기 가까이를 소화했다. 사람 인연이 재밌는 게, 그때 당시의 코치님은 현재 FC서울에서 코치를 하고 계시며 포항과 서울 경기 때마다 농담으로 선수 때의 추억 이야기를 주고받기도 한다.

FA컵 32강 무더운 날 전북 현대와 경기를 한 날도 기억에 남는다. 비록 경기에는 졌지만 이동국, 김신욱, 김민재 선수와 같이 뛰어보았고, 선수로서 처음으로 전국체전에 참가해보기도 했다. 하지만 시즌 성적은 좋지 못했다. 시즌 중간 감독님께선 성적의 문제로 사퇴하시고 수석코치님께서 감독대행을 하시는 일도 겪었다. 그래서 다음 시즌은 다른 감독님께서 선임되셨다. 다행히도 다음 시즌 감독님도 대학 시절부터 친분이 있던 감독님이셨고 나름 한 시즌 주축을 뛰면서 개인적인 성과도 충분히 보인 상황이라 재계약 가능성이 매우 높았다.

평범한 지도자가 되고 싶지 않았다

나는 선수로 뛰는 것만큼 지도자 자격증에도 도전하고 싶었다.

축구 지도자가 되기 위해선 매우 까다로운 절차와 자격증 제도가 존재한다. 하지만 매년 연말마다 현역 선수들을 배려하여 내셔널리그 선수들끼리 참석할 수 있는 자격증 코스를 따로 개설한다. 그렇게 내셔널리그에 소속된 각 팀의 선수 중 3명이 축구지도자 과정을 수강하고 시험을 치른다. 보통 이 과정은 은퇴를 생각하고 있는 선배들이나 팀 내 고참 선수들에게 우선권이 주어진다. 한마디로 당시 24살 막내 선수였던 나로서는 기회를 받기조차 어려운 과정이라는 이야기다. 더구나 24살에 지도자를 준비하는 선수는 매우 드물었다. 하지만 운이 좋게도 같은 팀의 선배들이 배려를 해준 덕분에 나까지 기회가 왔던 것이다.

선수 입장에서만 축구를 바라보고 축구를 하는 것과 내가 아닌 타인에게 축구를 가르치고 설명한다는 것은 전혀 다른 문제였다. 현역 선수 때 지도자 교육을 받고 나니 축구를 바라보는 시각이 바뀌고 지도자들을 이해할 수 있게 된 시작점이었던 것 같다. 그렇게 2주의 교육이 끝나고 나는 처음으로 지도자 자격을 얻게 되었다.

이때부터 나는 고민에 빠졌다. 내가 아무리 축구를 좋아하지만 계속 선수 생활을 이어간다면 프로 선수가 되기는 매우 어려울 것이고 계속 실업팀 선수로 활동하다가 은퇴해 평범한 지도자가 되는 뻔한 스토리가 그려졌다. 나는 인생을 더 크게 바라보고 새로운 도전을 하고 싶었다. 그래서 단호하게 재계약을 포기하고 인생의 계획표를 다시 세우기로 결심했다.

축구를 계속하고 싶은 마음에 잠깐은 에이전트를 통해 해외 팀을 알아보기도 했다. 홍콩, 태국 등 몇 팀을 소개받고 도전적인 성향을 가진 나는 해외 팀과 이야기를 진행하기도 했다. 아니면 해외로 유학을 떠나 공부를 해볼까 싶기도 했다.

하지만 많은 고민 끝에 내가 어떤 방향성을 가지고 준비하는지에 따라 내 미래가 달라질 것이라 생각했다. 나의 성장을 위에서는 좋은 교육과 경험이 필요했다. 그래서 부산외대 복학이 아닌 좋은 환경에서의 교육을 원했고 서울권 대학 편입을 알아보기로 했다. 2학년 때까지의 성적이 좋은 편이었고 선수 출신이라는 경험을 통해 차별화를 만들 수 있을 것이라는 확신으로 지원할 수 있는 학교를 알아봤다. 내 성적과 남은 준비 기간에 성공 확률이 높은 학교 4곳을 알아봤다. 세종대, 중앙대, 단국대, 명지대였다. 그중 일순위는 세종대였다. 두 가지 이유가 있었는데 세종대학교에 전 대한축구협회 기술위원장이자 전 대한축구협회 부회장이신 이용수 교수님이 계셨기 때문이다. 선수 출신으로서 서울대학교와 미국의 오리온 주립대학교에서 운동 생리학 박사를 졸업한 전문가이기 때문에 많은 현장 지도자들이 이용수 교수님께 자문을 구하고 배움을 받았다. 그분의 가르침을 나 역시 받고 싶었다. 둘째로는 내 초등학교 축구교실 코치님이 세종대를 졸업하고 피지컬 코치로 활동하고 있었기 때문이다.

이런 내 마음이 통했는지, 세종대학교에 합격할 수 있었다. 실업팀의 재계약을 포기한 후 다시 공부하기 위해 대학생이 되겠다고 도전했던 순간에는 실패에 대한 두려움이 있기도 했다. 주변의 부정적인 조언도 많았다. 축구선수를 더 하지 왜 다시 대학교 공부를 하냐고도 하고, 경제활동을 시작한 마당에 왜 다시 학생 신분으로 돌아가냐는 소리도 많이 들었다. 하지만 남들이 선택하지 않은 길에 도전한다는 자부심과 내가 그린 계획과 설계에 대한 설렘이 두려움보다 컸기에 나는 멈추지 않았다.

이번에는
스페인!

두 번째 대학 생활

편입한 세종대학교에서 나는 정말 대학생으로 지냈다. 두 번째 대학 생활이었지만 외대에서는 학생 선수에 가까웠고, 세종대에 와서야 비로소 정말 대학생 신분으로 지냈다. 어느 집단이든 새로운 사람이 들어오면 환영받기는 쉽지 않다. 편입이라는 단어가 늘 꼬리표같이 붙었고, 3학년으로 시작했지만 내게는 서울에서 보내는 첫 번째 대학 생활이었다. 당시 내가 느낀 서울의 대학생들은 모두 똑똑했다. 그래서 나는 항상 할 줄 아는 것, 즉 '무작정 열심히 하는 것'만 했다.

나이를 신경 쓰지 않고 학생들과 잘 어울리기 위해 도움 줄 수 있는 것은 도움을 주고 내가 모르는 것은 배우며, 그렇게 처세를 하다 보니 나도 자연스럽게 세종대에 소속감이 생겼다. 그렇게 내가 겪은 부산과 서울 교육의 차이점이 하나 있다면, 부산의 대학교는 학생들을 위해 밥을 떠먹여 준다는 표현이 맞고, 서울의 대학교는 밥 먹는 방법만 알려주는 것이었다. 밥 먹여주는 것에 익숙한 나는 교수님들의 관심이 많지 않아 서운함을 느끼기도 했다.

턱없이 비싼 유학 비용

서울에서의 첫 학기 내 성적은 4.25였다. 서울권의 학생들과 경쟁해도 노력하면 되는구나 생각했다. 하지만 여기에 안주하지 않고 내가 더 발전할 수 있는 방법을 고민했다. 답은 하나였다. 해외로 나가는 것이다. 해외 유학지에 대한 선택에는 우선순위가 있었는데 첫 번째는 축구를 배울 수 있는 나라 즉, 축구 강국이고 두 번째는 언어적인 측면에서 도움이 되는 곳, 세 번째는 최대한 저 비용으로 생활할 수 있는 환경이었다.

제일 먼저 알아본 것은 교환학생이었다. 하지만 졸업까지 남은 학기는 3학기이고 편입생이 입학하자마자 계획을 세우지 않는 이상 여러모로 어려운 환경이었다. 또 어렵게 간다고 해도 선택할 수 있는 학교 혹은 나라가 한정적이고 축구 혹은 전공과 관련해서 배우기도 어렵다고 판단했다. 그다음 알아본 것이 바로 어학연수였다. 교환학생에 비해 비교적 나라를 선택하기 쉽고 시기를 선택하기도 편했다. 하지만 큰 단점은 비용이었다. 어학연수 상담 때 1년 연수 비용에 2천만 원 정도를 이야기했다. 꿈을 위해 투자할까 고민하기도 했다.

정보력의 힘

일단 다시 선택의 폭을 줄여보자는 생각에 국가에 대한 폭을 좁혀 봤다. 내가 축구를 배울 수 있는 나라들을 나열해봤다. 우선 포르투갈어에 능통하기에 브라질과 포르투갈을 생각했고, 두 번째, 스포츠 과학을 배울 수 있는 영국과 독일을 찾아봤다.

그러다 인터넷 검색을 하던 중 '꿈 FC'라는 신기한 팀을 발견하였다. 스페인 5부리그의 팀이었는데, 구단주가 한국인이었다. 구단주는 충분한 능력이 있어도 한국인이라는 이유로 해외 진출에 어려움을 겪는 능력 있는 한국 선수들을 위해 이 구단을 세웠다고 했다. 그래서 스페인리그에서 뛰지만 전 선수가 한국인으로 구성되었다고 했다. 구단주는 경기를 뛰면서 충분한 능력을 선보일 기회만 주어진다면, 얼마든지 좋은 한국 선수들을 발굴할 수 있다는 생각에 구단을 창단했다고 한다.

스페인의 축구 실력과 지도자 능력은 세계 최고라는 평가를 받고 있고 스페인어도 영어 다음으로 전 세계적으로 중요한 언어에 속한다. 더구나 K-리그를 즐겨보는 팬이라면 알겠지만 대부분의 용병 선수들은 브라질 혹은 남미권의 선수들이다. 이미 나는 브라질 유학을 통해 포르투갈어를 구사할 줄 아는데 스페인어까지 잘하면 내 몸값을 올리는 최고의 옵션이 될 수 있을 것이라고 생각했다. 그렇기에 당시 상황에서는 스페인이 내게 최고의 선택이 될 것이라고 확신했다.

나는 그 즉시 구단과 컨택하기 위해 구단 SNS와 과거 그 팀에서 뛰었던 선수들을 지인들을 통해 수소문했다. 수소문 결과 '꿈 FC'는 환경은 열악하지만 숙식이 제공되고 스페인 축구를 잘 알 수 있는 구단이 될 것이라는 조언이 많았다. 곧 구단에 내 이력서와 하이라이트 영상을 보내고 선택을 기다렸다. 2주쯤 지나 구단주에게 직접 연락이 왔다. 구단과 스페인 지도자들이 긍정적으로 생각하고 있다며 입단 절차를 알려주었다. 간절함이 통했다고 생각한다. 내셔널리그 은퇴를 결심하고 다시 경기장에서 선수로 활동을 못할 것이라 생각했지만, 6개월의 공백 후 나는 스페인 리그에서 축구선수로 복귀하였다. 군대 전역 이후 다시 복귀한 경험이 있기에 6개월의 공백은 그렇게 길게 느껴지지 않았다. 그렇게 나는 10개월 동안 한 시즌을 스페인에서 소화하면서 언어 자격증과 스페인 지도자 자격증을 땄다. 해외인 스페인에 체류했지만 비행기 경비 포함 500만 원밖에 쓰지 않았다.

스페인 축구는 '티키타카'?

스페인 축구라 하면 누구나 '티키타카'를 떠올릴 것이다. '티키타카'는 스페인어로 탁구공을 주고받을 때 나는 소리를 뜻하는데 스페인 축구가 탁구공을 빠르게 주고받듯이 패스를 한다는 의미에서 파생되었다. 이 말대로 나는 당연히 모든 지역의 스페인 축구가 패스를 잘하고 경기 스타일이 아기자기할 것으로 생각했는데, 직접 겪어보니 큰 착각이었다. 스페인에서 축구를 하면서 한국에서 볼 수 있는 프로 팀 경기보다 하부 리그 경기 및 훈련을 많이 관전 및 관찰했다. 그 이유 중 하나가 하부 리그 지도자들의 스타일 혹은 경기 스타일이 정말 스페인 축구라고 생각했기 때문이다. 그 관찰 끝에 내린 결론은 바로 스페인은 '티키타카'가 아닌 효율적인 축구를 한다는 것이다.

　스페인 축구는 하부 리그에서부터 지도자들이 원하는 스타일의 선수들을 선발해 본인의 지도 철학이 담긴 전술을 선수들에게 주입시키고, 이를 경기장에서 결과적으로 구현하고 있었다. 어떤 스페인 팀은 한국 팀보다 킥의 횟수가 더 많았고, 어떤 팀은 수비 지향적이었으며, 어떤 팀은 내가 한국에서 보지도 못한 전술을 활용하고 있었다. 지도자 본인이 생각하는 최대 효율적인 축구를 구사하는 것이다. 내가 소속된 '꿈 FC'는 스페인 5부리그 팀이었다. '꿈 FC'의 감독님은 UEFA PRO 자격증을 보유하고, 스페인 청소년 대표팀 출신이자 레알 마드리드 유소년팀에서 연령별 주장을 맡았으며, 스페인 여러 프로 팀에서 선수 생활을 한 경험이 있었다. 꿈 FC 감독님도 마찬가지였다. 본인이 생각하는, 축구에 가장 부합하는 선수에게 선발 기회를 주었고, 내 개인적인 생각으로는 그 선수의 능력이 다른 선수보다 떨어져 경기장에 부족함이 나오더라도 선수의 장점이 감독님 본인의 철학과 일치한다면 선수에 대한 신뢰는 흔들리지 않았다.

　나는 뒤통수를 한 대 맞은 듯한 기분이 들었다. 나는 그때까지 한국 축구라는 울타리 안에서 스페인 축구를 바라보고 있었다. 배움의 한계를 나 스스로 정해버렸던 것이다. 그 뒤로 나는 축구를 새로 배웠다. 그리고 감독님과 훈련하면서 지도자가 갖춰야 할 역량과 경기를 준비하는 과정 외에 지도자의 관점으로 축구를 어떻게 생각해야 하는지 배웠다. 내가 단순히 축구선수를 목표로 스페인에 왔다면 이 모든 것을 배우지 못했을 것이다.

외국에서 선수 생활의 필수 조건, 언어!

스페인에 도착해 브라질 유학 시절을 떠올렸다. 브라질에 있으면서 가장 중요하다고 생각했던 것은 언어이다. 말을 알아야 문화를 빨리 습득하고 감독님이 원하는 축구를 더 빨리 이해하며 배울 수 있을 것이다.

유럽은 한국보다 많이 발전했다고 생각했지만, 훨씬 뒤처진 나라였다. 특히 스페인에서 살던 동네는 내가 초등학교 때 지내던 대구의 작은 동네와 느낌이 비슷했다. 한마디로 당시 한국보다 10년 가까이 뒤처졌다는 것이다. 저녁 시간만 되면 동네 아이들이 작은 공원이나 놀이터에 모여 놀고 있었다. 나는 말을 빨리 배우기 위해선 많이 써보는 것이 가장 중요하다고 생각한다. 그래서 기초적인 스페인어를 익힌 다음 무작정 산책을 나가 어른들이 아닌 아이들에게 친근하게 접근했다. 스페인 동네 아이들은 선입견 없이 나를 받아주었고, 나는 그들에게 아는 단어와 문장을 써보면서 스페인어를 배웠다. 한창 K-POP이 인기 있었기에 한국의 숨은 명곡을 알려주면서 아이들의 관심을 받았던 기억이 난다.

이런 식으로 3개월이 지나자 스페인 사람과 일대일로 기본적인 대화는 거뜬하게 했다. 포르투갈어와 스페인어가 비슷하기에 유리했던 부분도 있었다. 그렇다고 언어에 대한 학업적 노력을 안 한 것이 아니다. 오전에 팀 훈련을 하고 점심 식사를 한 뒤 하루도 거르지 않고 곧장 도서관을 갔다. 미리 한국에서 사 온 스페인어 책으로 공부를 했다. 개인적인 언어 공부 팁을 말하자면 항상 도서관의 유아 서적 코너에서 공부를 했다. 가면 부모님들이 자녀들에게 기초적인 언어 문법을 알려주고 있었는데 나도 옆에서 듣고 이야기를 나누면서 현지인에게 무상으로 과외를 받은 셈이다. 또 내 수준이 딱 유아에 맞기에 책도 어려운 책이 아닌 그림책을 보면서 공부를 했다.

언어를 알고 나니 마드리드 시내에 나가 또래 친구들을 사귈 수 있었고 훈련 때 통역 없이 지도자가 원하는 것을 빠르게 파악하고 준비할 수 있었다. 지도자들과 면담할 때도 직접적으로 이야기를 하니 오해도 없었고 친숙함을 느낄 수 있었다.

스페인 지도자 교육의 차별화

스페인에서 생활한 지 6개월이 지난 즈음 지도자 교육을 시작했다. 'AFEN'이라는 마드리드 축구 교육기관에서였다. 지인을 통해 알게 되었고 다양한 혜택과 배울 점이 많기에 선택했다. 한국에서 이미 AFC C급 지도자 자격증이 있었기에 한국의 교육과 스페인의 교육 간에 차이를 확실하게 느낄 수 있었다. 한국의 AFC C급 교육과 스페인에서의 'Nivel 1' 교육은 같은 유소년 지도를 위한 레벨의 자격증이었다. 하지만 차이점은 첫 수업부터 명확하게 나타났다.

한국 지도자 C급 레벨의 교육 중점은 지도자의 시범 능력과 개인 기술에 초점을 두고 있었지만, 스페인은 지도자 레벨 1단계에서부터 훈련 방법론을 알려주고 전술을 논하며 전술에 맞는 게임 모델과 훈련 프로그램을 구상하고 있는 것이다. 그 훈련 또한 정답을 두지 않고 창의적으로 발휘하며, 발표를 통해 다른 지도자들과 피드백을 주고받으면서 발전시킬 수 있는 방향을 제시하고 있었다. 유소년 시기부터 지도자들이 전술을 다루니 한국 선수들과 스페인 선수들의 전술을 받아들이는 속도가 다르다.

그렇다, 스페인은 지극히 전술 중심적인 나라였다. 한국의 지도자들은 대부분 선수 출신이다. 하지만 스페인은 그렇지 않다. 지도자는 지도자로 평가받고 있었다. 그렇기에 축구는 시범이 아니라 전술이라는 것이다. 전술을 잘 구사하고 준비하는 것이 지도자이고 감독이기에 선수 출신의 여부는 중요하지 않게 생각한다. 팀 내에서도 피지컬 코치가 있었지만 피지컬 코치의 역할 또한 전술 속에 존재했다.

지도자 교육 때 스페인 강사한테 질문을 했다. 내 궁금증은 '한국에서 지도자 교육을 받을 때 유소년에게 중점적으로 다루는 부분은 바로 개인의 발전이다. 하지만 왜 스페인은 제일 낮은 레벨 1부터 전술을 가르치는지'에 대한 부분이다. 이것이 스페인이 더 좋은 성적을 내는 원인 중 하나인가 궁금했다. 결과적으로 스페인 강사의 답변은, 강사도 일본, 한국 등 아시아의 다양한 나라에 연수를 간 기억이 있는데, 그때 아시아는 유소년 시기에 개인 기술 중점 훈련을 하는 모습을 봤다고 한다. 이미 스페인의 교육보다 훨씬 앞서 있지만 정작 축구는 프로 축구가 주된 목적이고 프로 무대에서 더 잘하기 위해서는 개인 기술보다 팀 전술이 더 중요하기 때문에 스페인 지도자들은 훈련 속에 자연스럽게 기술과 전술이 나올 수 있게 설계를 한다고 한다. 쉽게 공부로 생각하면 아이들은 놀이를 하고 있다고 인지하지만, 그 속에 수학과 과학이 녹아 있다고 생각하면 된다. 하지만 스페인 강사도 아시아와 스페인의 장점이 잘 섞인 훈련이 유소년 시기에 가장 적합하다고 생각한다고 말했다.

1인 3역의
멀티플레이어가 돼라!

호주 유학 실패, 코로나로 인한 한국 귀국 결정

스페인에 머물면서 나는 피지컬 코치에 관한 자격증이나 교육을 받고 싶었다. 하지만 스페인에서 정식적으로 피지컬 코치 자격증을 받기 위해선 관련 학과나 석사 학위가 필요했다. 학위를 취득한다고 해도 피지컬 코치 교육 기간이 짧지 않기에 포기했다. 그래서 팀 내의 피지컬 코치와 소통하면서 내 소속팀 피지컬 코치가 생각하고 배운 스페인식의 피지컬 훈련을 배웠다.

스페인에서 더 생활을 할까 고민하기도 했다. 하지만 더 많은 나라의 지식을 배우고 경험하고 싶다는 생각이 들어 세계 지도를 보며 또 다음 행선지를 알아보았다.

나는 기초적인 영어를 구사할 수 있다. 따로 배운 것은 아니지만 해외에서 외국인 친구들과 대화를 하면서 혹은 해외 논문과 저널을 읽으면서 자연스럽게 터득했다. 하지만 정말 나의 무기가 되기 위해선 유창한 영어 구사가 필요했다.

한 번이 어렵지 두 번째 정보 찾기는 쉬웠다. 따라서 바로 내 능력을 최대한 끌어올릴 수 있는 나라인 호주를 선택했다. 호주의 에이전트 회사를 알아보니 스페인과 동일하게 축구로 생계를 유지할 수 있고 언어와 다양한 교육을 받을 수 있는 환경이었다. 당장 호주행 결심을 굳혔다. 그러나 2020년 3월 코로나19 사태가 일어나 스페인도 리그를 중단하고 호주로 갈 수 있는 길도 닫혀버렸다. 그렇게 갑작스럽게 한국행 비행기를 타게 되었다.

한국에서의 선수 복귀와 스페인어 자격증 취득

갑작스러운 선택이기에 당장 한국에서 어떻게 해야 내 역량을 키울 수 있을까를 고민했다. 바로 대학교 복학을 할 수 있을까 알아봤지만 신청 기간이 늦었다. 다음 학기 복학까지 6개월의 시간이 남았다. 그래서 가장 먼저 선수 생활을 이어 나갈 수 있는 팀을 찾았다. 다행히도 한국은 코로나로 인해 시즌이 지연되어 선수 등록 마감이 끝나지 않았다. 좋은 레벨의 팀을 알아볼까 하다가 너무 선수라는 틀에만 갇히기 싫었다. 축구선수 생활을 하면서 다양한 경험을 할 수 있는 자유로움이 필요했다. 그래서 찾은 방향성이 K-4 리그였다.

대한민국은 1, 2부 리그는 프로에 속하고 3, 4부 리그는 세미프로에 속한다. 그래서 가장 낮은 리그의 서울 지역팀을 알아봤다.

서울을 선택했던 이유는 다음 학기에 복학해서 공부와 운동을 병행하기 위함이었다. 마침 '서울 노원 유나이티드' 팀에 고등학교 동기가 소속되어 시즌을 준비하고 있었다. 그래서 동기를 통해 해당 팀 감독님과 구단에 내 이력서와 하이라이트 영상을 보내고 간단한 테스트 이후에 쉽게 입단했다.

두 번째는 내가 가진 능력을 증명할 필요가 있다고 생각했다. 그래서 포르투갈어와 스페인어에 대한 자격증이 필요했다. 스페인어 자격증을 조사했다. 생각보다 까다롭지만 도전했다. 학원에서 시험에 대한 정보를 얻고 공부를 하기도 하고 스페인 친구들과 SNS로 연락하며 내가 부족한 부분에 대해 피드백을 받기도 했다.

그렇게 복학 전까지는 K-4리그 선수 활동을 하며 2020년 7월 무사히 스페인어 자격증을 취득했다.

아침엔 대학생, 오후에는 교육학이, 저녁엔 축구선수

2020년 9월 대학교에 복학했다. 수강 과목은 최대한 오전 수업으로 신청했다. K-4리그 선수 생활만으로 생계를 유지하기는 부족했기에 오후 시간을 활용해 경제활동을 하기 위해서였다. 태어나서 아르바이트를 해본 적도 없고 운동만 했던 내가 무슨 일을 해야 할지 막막했다. 그래서 내 능력과 관련된 업무를 알아봤다. 편의점이나 음식점을 고민하기도 했는데 오후 시간에 잠깐 일할 사람을 구하는 곳은 없었다. 그러다 우연히 스포츠 강사에 대해 알게 되었다. 마침 대학교 1학년 때 취득한 생활체육지도자 자격증으로 지원할 수 있었다. 단순 알바보다 훨씬 소득이 높았고 시간적 여유도 충분했다. 운동선수가 처음으로 중학교 교무실에 들어가 면접을 본 어색한 기억이 아직까지 잊히지 않는다.

그렇게 내 첫 축구 지도는 초등학교, 중학교 일반 학생을 대상으로 수행되었다. 색다른 경험이었다. 내가 가르치던 학생들은 신체 능력도 천차만별이고 성별도 다르며 축구에 대한 관심도는 양극화가 된 상태였다. 그래서 다양한 관점에서 축구를 볼 수 있게 축구를 하는 재미, 축구를 응원하는 재미, 축구를 분석하는 재미, 축구의 역사를 알아보는 재미 등을 알려주었다. 그렇게 2020년 남은 기간을 오전에는 공부하는 대학생, 오후에는 중학교 체육 선생님, 저녁에는 축구선수인 다양한 페르소나를 갖춘 나로 보냈다.

오랜만에 학업으로 돌아와 공부를 하는 게 어색했다. 하지만 기본적인 지식도 많이 생겼고 학교생활에 대한 자신감도 있었다. 일과 운동을 하면서도 학점은 4.5 만점을 받았다. 대신 축구는 조금 소홀했다. 2020 시즌은 감독님께 양해를 구하고 훈련을 많이 참석하지 못했다. 그렇게 시즌 동안 원정 경기는 따라가지 않고 홈 경기 위주로 경기 출전을 했다. 당시 내 비전을 응원하고 배려해주신 이정재 감독님께 지금도 감사한다.

지금은 인식이 많이 바뀌고 있지만, 당시 4부 리그 축구선수라고 하면 굉장히 시선이 안 좋다. 축구를 잘 모르는 일반인은 프로 선수들만 눈에 들어오지 4부 리그에서 뛴다고 하면 축구를 못한다고 생각한다. 또 축구를 하고 있는 선수들은 4부리그에서 뛰는 것을 축구에 미련이 있거나, 실력도 없는데 프로 선수라는 허황된 꿈을 꾼다는 식으로 이야기를 많이 한다. 물론 의미 없이 4부 리그에서 축구를 하는 선수들도 있을 것이다. 하지만 나는 프로가 아닌 세미프로 선수이기에 활용할 수 있는 것이 무수히 많다고 생각했다. 축구선수이지만 공부를 할 수 있고, 축구선수이지만 다른 직업을 가질 수 있는 것이 굉장히 큰 장점이라고 생각했기에 이 부분을 충분히 활용하리라 생각했다.

인재들과의 경쟁

축구선수를 은퇴하고 제2의 인생을 살 때 대부분의 선수 출신들은 지도자가 되기를 꺼린다. 숙소 생활로 인한 자유로움이 없어지는 이유, 오랜 선수 생활로 인한 번 아웃, 새로운 경험과 도전에 대한 목마름 등 다양한 이유가 있다. 나 또한 축구가 좋지만, 지도자가 아닌 다른 일에 대한 관심과 경험의 욕구가 컸다. 그래서 대학 생활 중 할 수 있는 대외활동을 활용했다. 스포츠 마케팅에 관심이 많았던 군대 동기 형님이 '스마터'라는 마케팅 동아리를 추천했다. 동아리를 위해 난생처음 자기소개서도 작성했다.

선배가 컨펌까지 해준 자기소개서를 가지고 동아리를 찾았을 때만 해도 나는 동아리가 그냥 지원하면 들어가는 친목 동호회 아니냐고 의문을 가졌지만, 서울의 명문 동아리는 합격률이 저조하다는 이야기에 긴장을 하기도 했다. 다행히 서류 통과 후 면접 때도 긴장을 많이 했지만, 운영진들이 나의 진정성을 보고 합격시켜

주어 무사히 들어갈 수 있었다.

토요일 경기가 끝나면 일요일은 항상 동아리 모임에 참석했다. 주중에는 동아리 조원들과 모여 주제에 대한 자료 수집과 발표 준비를 하며 스포츠 마케팅에 대한 간접 경험을 할 수 있었다. 스마터를 같이 활동하던 친구들은 운동선수 출신이 아니었다. 다들 공부를 통해 일반적인 과정으로 서울대 외 다양한 서울권 대학교 즉, 정말 공부를 잘해야 들어갈 수 있는 대학교의 대학생이다. 매주 주제를 준비하면서 뛰어난 발상과 컴퓨터 능력, 발표 능력 등을 따라가기만으로도 벅찼다. 더 충격적인 것은 뛰어난 능력을 가진 학생들이 취업을 위해 열심히 노력한다는 것이다. 자격증 준비, 언어 공부, 대외활동, 학교 성적 관리 등 졸업 후 원하는 회사에 취업하기 위해 정신없이 살아갔다. 그런 친구들을 보며 정말 축구가 아닌 직장인의 역할에 대해 많이 배울 수 있었다.

배움도 배움이지만 깨달은 것이 하나 있다면, 아무리 열심히 해도 내가 일반 학생들을 제치고 좋은 스포츠 기업에 취업한다는 생각은 욕심이라는 생각이었다. 쉽게 말하면, 그 학생들이 아무리 축구를 열심히 한다고 해도 나보다 프로 선수가 될 확률이 적은 것과 마찬가지였다.

'스마터' 외에도 졸업 전까지 다양한 대외활동을 통해 선수 출신이 아닌 다른 경험을 한 사람들을 만나면서 간접적으로 다른 분야를 경험하고 배울 수 있는 시간을 가졌다. 그렇게 나는 다른 지도자들이 갖지 못할 강점을 확보하고 시야를 넓힐 수 있게 되었다.

피지컬 코치로
출발하다

최연소 성인팀 지도자가 되다

다양한 경험을 하고 나니 목표가 더 명확했다. 더 이상 한눈팔지 말고, 내가 한평생 축구를 했는데 축구계에서 일을 하고 봉사하자는 생각이 들었다. 방향성을 지도자로 생각하고 개인 목표를 설정해봤다. 내가 가진 장점을 어떻게 활용할 수 있을 것이며, 내가 어떤 지도자가 되고 싶은지 고민했다. 나는 욕심이 있었기에 높은 위치까지 올라가고 싶었지만, 대한민국 축구계의 문화는 굉장히 보수적이다. 스타플레이어들이 은퇴를 하고 프로 팀의 지도자가 되는 것이 보편적이었다. 나처럼 실업팀이 최대 커리어인 지도자는 많은 경험을 가져도 평생 유소년들만 가르칠 수밖에 없겠다는 결론이 나왔다. 그래서 더 높은 곳에서 지도자를 할 수 있는 방안을 고민했다.

당시 내 장점을 나열해봤다. 한국어 포함 4개국어 구사, 운동생리학 전공, 브라질과 스페인 경험, 젊음, 현역 축구선수, 이렇게 5가지가 있었다. 그리고 정식적으로 지도자가 되기 위해 필요한 것들을 생각해봤다. 가장 중요한 것은 지도자 자격증이었다. 내가 가진 AFC C급 자격증으로는 고등학교 학생 선수밖에 가르치지 못한다. 그래서 한 단계 높은 AFC B급 자격증을 준비하고 신청했다. 아직 대한민국 축구계는 보수적이기에 나이가 어리거나 경험이 적은 지도자에게 기회를 주지 않는다. 그래서 경험을 쌓기 위해 기존 내가 속한 팀인 '서울 노원 유나이티드'를 활용했다. 팀 내에서 내 이미지가 좋았기 때문에 감독님께 2021년도는 지도자를 준비하고 싶어 '플레잉 코치'를 하고 싶다고 했다.

플레잉 코치는 선수와 지도자를 동시에 하는 역할이다. 감독님께서 흔쾌히 허락하시고 주장이라는 역할까지 주셨다. 감독님께서 기존 코치가 브라질 코치였기 때문에 언어가 통하는 젊은 지도자가 있다면 소통에 더 효과적이라고 생각했기 때문이다. 플레잉 코치 경험 때문인지 나는 2021년 4월에 AFC B급 자격증 강습회에 합격해서 정식적인 팀 등록을 통해 K-4리그 코치가 되었다. 당시 내 나이 27살, 최연소 성인팀 지도자이기 때문에 〈베스트 일레븐 & 베스트 일레븐 닷컴〉(2021.07.09.)에 인터뷰 기사 "스페인 꿈 출신 노원 UTD 손동민 플레잉 코치, '한국의 나겔스만'을 꿈꿉니다"라는 기사가 나기도 했다. 나도 나겔스만 감독의 인터뷰 중 "나이는 숫자에 불구하다"는 말에 감명을 받고 처음부터 성인팀에 도전하기도 했기 때문에 기사 제목은 매우 만족했다.

대한민국 1차 AFC 피트니스 강습회 수석 합격

서울 노원 유나이티드에 있을 때도 나의 역할은 선수들 체력 관리였다. 팀 내에 피지컬 코치가 없었기 때문에 운동 생리학을 전공하고 있다는 것을 감독님께서 알고 맡긴 역할이었다. 나는 훈련을 지도하는 동안 너무 재밌었다. 내가 대학교에서 배운 이론, 공부를 위해 읽은 수많은 논문, 스페인 지도자 교육 때 배운 이론 및 경험, 브라질에서 보고 배운 피지컬 코치의 역할 등 다양한 부분을 접목시켰다. 선수들에게도 좋은 피드백이 많이 왔다. 나와 훈련을 시작한 뒤로 컨디션과 체력이 좋아진다는 평가를 받았다.

내가 높은 위치에 올라가기 위한 첫 과정은 피지컬 코치가 답이라는 생각이 번뜩 들었다. 내 적성, 장점 및 방향성, 목표 등 모든 것에 부합한 역할이었다. 전문적으로 피지컬 코치가 되어보자고 결심했을 때가 막 대한축구협회에서도 피지컬 코치를 제도화시키고 자격증을 필수 조건으로 등록하는 시기와 맞물렸다.

재빠르게 해당 연도의 피지컬 코치 강습회부터 알아봤다. 피지컬 코치 자격증도 단계별로 있었다. 먼저 KFA 피트니스 레벨 1 자격증, 그다음이 AFC 피트니스 레벨1, 2 자격증이었다. AFC 피지컬 자격증은 2021년도에 한국에서 첫 강습회 교육이 이루어진다고 했다. KFA 피트니스 강습회가 열린 시기는 7월, AFC 피트니스 강습회는 8월이다.

일단 7월에 열린 KFA 피지컬 강습회를 듣고 자격증을 취득했다. 대학교에서 기초적인 스포츠 과학과 축구를 이해하고 있었기에 어렵지 않았다. 곧바로 8월 AFC 피트니스 강습회를 신청했다. 하지만 AFC 피트니스 강습회를 듣기 위해선 까다로운 조건이 많았다. AFC B급 지도자 자격증 소유, KFA 피트니스 자격증 취득 후 1년 현장 경험이 필요했다. 하지만 운이 좋게 AFC 피트니스 강습회 첫 기수였기 때문에 KFA 피트니스 자격증을 따고 바로 AFC 피트니스 강습회를 신청할 수 있었다. 한마디로 나는 운이 좋았다. 내가 지도자가 되기로 결심한 연도에 3가지 자격증을 한 번에 취득했기 때문이다.

AFC 피트니스 강습회는 KFA 피트니스 강습회의 분위기와 난이도는 차원이 달랐다. 수강생 대부분이 스포츠 과학을 전공하고 프로 팀 및 프로 산하 유소년팀에서 피지컬 코치로 일을 하고 있었다. 강습회 내용도 스포츠 과학을 축구 현장에 어떻게 적용시킬 수 있는지에 관해 내가 대학교와 해외에서 배운 내용보다 훨씬 깊이있었다. 이론, 실기 시험은 물론이고 해외 논문을 번역하여 발표하는 과제도 있었다. 강습회 때는 스트레스도 많이 받고 무지함을 느꼈지만, 끝나고 돌이켜보면 정말 많은 것을 배우고 감사하게 되는 시간이었다고 생각한다.

결과는 수석 합격이었다. 현장에서 경험을 하고 공부하신 분들이 많은데 내가 수석을 했다는 점이 너무 놀라웠다. 나중에 강습회 강사님과 파주 NFC에서 식사를 할 기회가 있었다. 농담으로 부족한 능력인데 수석을 주서서 감사하다고 이야기를 했는데, 내가 수강생 중 독보적인 점수를 받았기에 준 수석이라 하서서 내심 뿌듯했다.

정식 피지컬 코치가 되다

AFC 피트니스 레벨 1 자격증을 따고 팀으로 복귀해 선수들에게 더 질 좋은 훈련들을 적용했다. 2021년도 성적은 16개 팀 중 11위를 했고 최근 시즌 중 가장 좋은 성적을 냈다. 팀 내에서도 만족스러운 한 해라는 평가를 했다. 선수로 경기에 출전을 많이 못했지만, 지도자로서 팀에 애착을 많이 가졌다.

시즌이 끝난 뒤에는 졸업 준비에 신경을 많이 썼다. 그렇게 내 4년의 대학생활은 졸업 학점 4.38로 끝마치게 되었다. 축구선수 출신과 현장 지도자에게 학점은 크게 중요하지 않다. 학점을 잘 받는다고 해서 취업에 더 도움 되는 것이 아니고 또 알아주지도 않기 때문이다.

하지만 대부분의 사람들은 알 것이다. 저런 숫자의 학점을 받기 위해 얼마나 학교에서 노력해야 하는지 말이다. 그렇기 때문에 마지막 졸업장 받을 때 적힌 최우수 학생이라는 단어가 노력에 대한 결과물이라는 생각에 가슴이 뭉클해지기도 했다.

졸업 준비를 하면서 또 재미난 경험을 했다. AFC 피트니스 강습회 2기 때 보조 강사로 업무를 본 일이다. 당시 메인 강사님께서 도움을 요청해왔다. 원래는 대한축구협회에 소속된 피지컬 코치들이

나 강사들이 해야 하는데 다들 개인 업무로 인해 일정이 맞지 않아 나에게 기회가 온 것이다.

내 역할은 크게 없었다. 메인 강사님이 주는 역할에 대한 것들만 하면 되었다. 하지만 2기 강습회 때 더 많은 피지컬 코치님들을 알게 되어 소통하고 또 교육을 반복해서 들으면서 좋은 경험을 했다.

2021년도는 플레잉 코치에 대한 경험, 생애 첫 지도자 커리어, 지도자 자격증, 대학교 졸업 등 많은 것을 이룬 한 해였다. 굉장히 노력했다. 1년 동안 쉬는 날이나 개인적인 휴가가 없었다. 하지만 이룬 것에 대한 성취감이 휴가보다 더 큰 행복감을 줬다. 노력에 대한 보답은 빠르게 다가왔다. 서울 노원 유나이티드에서는 재계약을 원했다. 이 밖에 같은 K-4리그 팀에서 더 좋은 조건으로 플레잉 코치 자리를 제안해왔고, K-3 리그 팀에서도 플레잉 코치 자리를 제안했다. 고등학교 팀 수석코치 자리 제안, K-2 리그 안산 그리너스 FC 피지컬 코치 자리 제안, K-1리그 두 개 구단 피지컬 코치 자리 협상 등 갑작스럽게 인기가 폭발했다. 선수 시절에는 단 한 번도 구단이 나를 위해서 이적한 적 없었다. 내가 항상 팀을 찾아가고 테스트를 봤었는데, 지도자가 되고 나니 이상하게 인기가 많아졌다.

여전히 나는 내가 온전한 지도자가 되기에는 아직 젊다고 생각했다. 그리고 선수 생활을 더 하고 싶다는 욕심이 있었다. 그래서 K-3 리그 팀의 제안을 가장 긍정적으로 생각했고, 선수와 지도자와 대학원까지 세 마리 토끼를 한 번에 잡을 수 있는 가장 좋은 선택이지 않을까 싶었다. 하지만 내 과거를 돌이켜보면 매번 도전을 하면서 성장을 했다고 생각했다. 익숙한 것이 아니라 변화와 혁신을 택하며 성장했다. 그리고 내린 결론으로 나는 유일한 20대 프로 팀 피지컬 코치가 되었다.

당시 주변에 걱정, 시샘 등 많은 스트레스를 받기도 했다. 경험도 없는 어린놈이 프로부터 시작한다는 소리, 피지컬 코치들의 질을 떨어뜨린다는 소리 등 정말 많은 이야기를 뒤에서 들었다. 하지만 나는 스스로를 항상 믿었다. 지금까지 잘 준비해왔고 내 나름의 지도 철학을 선수 생활과 공부, 그리고 지도자 활동을 병행하면서 만들고 있었다. 그렇게 나는 매번 선수들과 지도자 선생님들께 인정을 받으며 현재 포항 스틸러스 피지컬 코치로 현장에서 땀을 흘리고 있다.

내 목표는 좋은 피지컬 코치가 되는 것이 아니다. 대한민국 축구계에 긍정적인 사람이 되고 싶고 대한민국 축구계가 발전할 수 있도록 봉사하고 싶다. 그 단지 첫 번째 수단이 바로 한국 축구계의 새로운 혁신인 피지컬 코치이다.

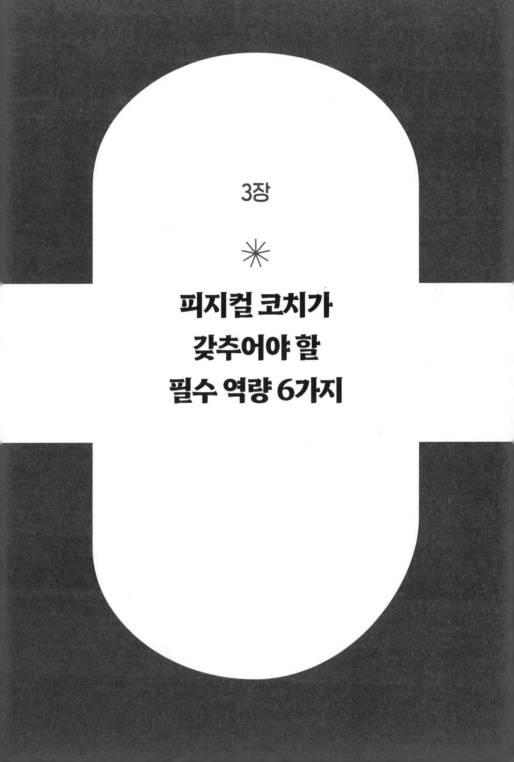

3장

＊

피지컬 코치가
갖추어야 할
필수 역량 6가지

제도화되는
지도자과정을 밟아라

피지컬 코치의 역사

'피지컬 코치'라는 명칭은 지금까지 다양한 호칭의 변화를 통해 지금의 '코치'라는 직함으로 정착했다. 현재도 각 나라마다 또 각 종목마다 다르게 불리고 있지만, 하는 일은 대부분 비슷하다. 처음으로 스포츠에 과학이 접목된 것은 구소련에서부터였다. 과거, 올림픽이 곧 국가의 힘을 상징하던 시기에 구소련은 1900년대 초반부터 많은 실험과 방법론을 통해 더 강인한 신체를 만들어가며 육상 종목에서 높은 성적을 거뒀고, 이후 미국도 이에 자극받아 적극적으로 스포츠 과학 분야를 발전시켰다.

축구에서는 어느 나라가 정확하게 먼저 시작했다고 증명하기는 어렵다. 하지만 1954년 스위스 월드컵부터 피지컬 코치라는 명칭으로 나선 코치들이 몇몇 국가에서 보였으며, 브라질은 1968년부터라 이야기한다. 벨기에에서 도입한 축구 서키트 트레이닝을 시작으로 현대 축구에 가장 보편화되어 있는 포르투갈의 빅토르 프라데 코치가 실시한 주기화 훈련법, 스페인 바르셀로나의 파코 세이룰 코치가 만든 마이크로 사이클 훈련법, 이 두 가지 형태를 피지컬 코치들이 축구에 적합한 트레이닝 방법론으로 적용해서 사용하고 있다.

한국 축구의 과학적 관점은 히딩크로부터

이에 비해 한국은 피지컬 코치의 역사가 매우 짧다. 정확하게 한국 축구에서 피지컬 코치의 중요성이 부각된 시점은 2002년 히딩크 감독부터였다. 이 전에도 피지컬 코치가 되기 위해 공부를 하던 세대들이 존재하지만, 보수적인 한국 축구 문화에 융합되기에는 어려움이 있었다.

히딩크 감독은 한국의 국가대표팀 감독으로 부임한 후 한국 선수들의 특성을 살폈다. 그렇게 내린 결론은 황당하게도 한국 선수들은 기술은 좋지만, 체력이 약하다는 소리였다. 당시 한국 축구계는 발칵 뒤집혔다. 강인한 체력을 위해 무식할 정도로 고강도 체력 단련을 하고 산과 바다를 뛰어다니며 정신력을 키운 한국 선수에게 체력의 문제점을 지적하는 것을 대부분의 한국 지도자들은 부정했다.

하지만 히딩크 감독은 유럽의 선진 축구적 관점으로 한국 축구의 현실을 바라봤다. 많은 훈련량을 채우면서 산을 오르고 해변 모래사장을 뛰며 죽어라 노력하는 것과 축구에서의 체력은 다르다는 현실을 말이다. 히딩크 감독은, 그야말로 축구 체력을 '과학적으로' 바라봤다. 그리고 그에 맞는 전문가 '레이몬드 베르나옌(2002년 월드컵 대한민국 국가대표팀 피지컬 코치)' 피지컬 코치를 데려왔다. 베르나옌 코치는 한국에 온 즉시 축구에서 필요한 체력 요소들은 정확하게 과학화해서 나누어 그 분야에 맞는 과학적인 훈련법을 도입하여 선수들의 기량을 골고루 향상시켰다. 그리고 '공포의 삑삑이'라는 별명과 함께 새로운 축구 문화를 불러일으키기 시작했다.

여담으로 베르나옌 코치의 공포의 삑삑이 즉, 요요 테스트가 미디어에 노출되어 대한민국의 많은 팀에서 요요 테스트가 아주 좋은 '체력 단련' 방식이라는 생각에 이를 안 시킨 팀이 없을 정도로 유행되었지만, 이는 정말 잘못된 훈련법이다. 무엇보다 요요 테스트는 '훈련'이 아니라 '테스트'이다. 그것도 선수들이 매우 힘들게 생각하고 받아들이는 테스트, 글자가 다르듯 테스트와 훈련은 엄연히 다르다. 요요 테스트는 선수들에게 훈련을 시키고 그 기능이 정말 향상되었는지를 확인하기 위한 평가 방법일 뿐이다. 그런데 어설프게 알던 대한민국의 대부분 지도자들은 테스트를 훈련처럼 시키고 있었던 것이다. 유산소 훈련을 시키지 않고 매일 테스트만 하면서 왜 우리 팀 선수들은 대표팀과 똑같은 요요 테스트를 시켰는데 체력이 좋아지지 않았는지 의문을 가지고 있는 지도자들도 많았을 것이다.

피지컬 코치가 되기 위한 여정들

2002년 이후부터 축구에 관심이 많은 사람들이 피지컬 코치가 되기 위해 움직였다. 어떤 이들은 축구 강국인 브라질로 유학을 가고, 어떤 이들은 포르투갈, 독일, 미국, 영국 등 스포츠 과학이 발달된 나라, 또는 축구 강국인 나라로 떠나 운동 생리학, 트레이닝 방법론, 영양학, 역학, 생물학 등을 공부하며 현장에 적용하는 방법을 배웠다.

나는 특정 학문이 아닌 모든 학문을 공부해야 하는 학생이 제일 어려운 길을 걷는다고 생각한다. 생리학만을 전공한다고 하면 생리학에서만 전문가가 되면 된다. 하지만 축구 피지컬 코치가 되기 위해서는 축구에 필요한 모든 학문의 전문가가 되어야 한다. 가령 축구에서 체력을 다섯 개 분야로 나눠서 생각해보자. 스피드, 근력, 심폐 지구력, 협응력, 회복 등으로 분류될 것이다. 이때 스피드와 근력 향상을 알기 위해서는 해부학과 역학에 대해 박사 수준으로 통달해야 한다. 그리고 심폐 지구력과 협응력 향상을 알기 위해서는 생리학과 운동 제어 분야에서 박사 수준이 되어야 한다. 또, 선수들의 빠른 회복을 현장에 적용하기 위해선 영양학과 생화학 분야에서 박사 수준의 지식을 갈고 닦아야 한다. 한마디로 전문적인 피지컬 코치가 되기 위해선 정말 많은 학문을 공부해야 한다. 한국의 한 피지컬 코치는 이 6가지 학문을 넘어 원초적인 생물학, 유전학, 그리고 뇌과학에 대한 공부를 통해 선수들의 성장을 돕고 있다.

하지만 공부만 한다고 피지컬 코치가 될 수 있는 것도 절대 아니다. 현장에서 선수들과 소통하는 능력, 훈련을 지도하는 능력, 훈련을 구성하는 능력, 훈련을 계획하는 능력 등 공부 외의 역량도 필수다. 이런 역량들은 공부와는 별개다. 아무리 책상에서 공부를 잘해도 현장에서 지도하는 것은 전혀 다른 문제이기 때문이다. 축구는 개인 스포츠가 아닌 팀 스포츠다. 따라서 많은 변수가 존재하고 선수마다 특성도 제각각 다르다. 피지컬 코치가 공부와 현장, 그리고 선수 지도 능력 전방위에서 팔방미인이 되어야 하는 이유가 여기에 있다. 겉보기에 멋있어 보인다고 시작했다가 포기한 사람들이 많은 것도 다 이런 점 때문이다.

프로 팀 피지컬 코치가 되기 위해선 적어도 5년

앞에서 강조한 것처럼 피지컬 코치가 되기 위해 공부해야 하는 과목은 무수히 많다. 게다가 공부만 한다고 현장에 나올 수 있는 것도 절대 아니다. 한국의 자격증이 제도화되기 전에는 많은 지도자들이 해외로 떠났다. 해외 운동 생리학, 컨디셔닝 혹은 트레이닝 방법론 등을 전공하여 학·석·박사 학위를 취득하거나 유럽의 UEFA 피트니스 코스, 브라질의 피지컬 코치 코스를 통해 자격을 취득하는 것이 대표적이었다. 그렇게 2~3년 이상 공부를 하고 한국으로 넘어와 현장에서 활동을 했다. 또는 한국의 운동 생리학을 전공하신 이용수 교수님께 축구 생리학에 대해 배우면 한국에서도 취득할 수 있는 해외 자격증, 예를 들면 미국 NSCA 협회 자격증, 영국의

UKSCA-ASCC 등을 공부하며 현장에서 부딪히면서 경험을 할 수 있었다.

하지만 최근 대한축구협회에서도 피지컬 코치 자격증을 제도화하며 각 연령별 및 분류되는 리그마다 필수 자격증을 정해놓았다. 이제는 해외에서 공부를 많이 하고 한국에 들어와도 KFA 혹은 AFC 자격증이 필수적으로 있어야 정식으로 일을 할 수 있다.

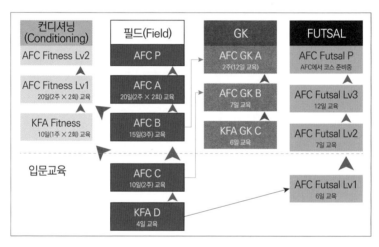

출처 – KFA ACADEMY 홈페이지

AFC 피트니스 자격증을 따기 위해서는 매우 까다로운 절차들이 많다. 먼저 축구 피지컬 코치들도 축구에 대한 기본 지식이 있어야 된다는 협회의 기준에 따라 축구 지도자 자격증부터 취득해야 한다. 선수 출신이 아니라는 가정하에 AFC D급 지도자 자격증 취득 후 6개월 뒤 AFC C급 자격증을 취득해야 한다. AFC C급 자격증이 있다면 이제 피지컬 코치의 첫 레벨인 KFA 피트니스 강습회에 들어갈 수 있는 조건이 충족되어 C급 취득 후 다음 해에 KFA 피트니스를 취득해야 한다. 그다음 해 C급 자격 취득 후 2년 뒤 B급 자격증 취득이 가능하다. B급 취득 후 다음 해에 드디어 AFC 피트니스 레벨 1 자격증을 취득할 수 있는 모든 조건을 갖추게 된다.

2023년 현새까지는 AFC 피트니스 레벨 1 자격증으로 프로에서 활동할 수 있지만 2025년부터는 AFC 피트니스 레벨 2까지 필요하다. 한 마디로 지금부터 피지컬 코치가 되기 위해 기본적인 학업과 현장 경험을 제외하고 프로에서 일하기 위한 자격을 갖추려면 최소한 5년 이상은 걸린다는 것이다. 이마저도 강습회에서 한 번도 떨어지지 않고 자격증 신청 경쟁에서 이겨 강습회 수강이 허락된다는 가정하에 가능하다.

결국 내가 말하고 싶은 것은 딱 하나이다. 진심으로 이 직업에 열정이 없다면 겉보기에 멋있어 보인다고 시작하지 말라는 것이다. 정말 전문적이고 엄격한 직업이며, 본인 인생의 많은 시간을 쏟아붓고 이겨낸 자만이 진정 피지컬 코치가 될 수 있다고 생각한다.

자격증만 있는 피지컬 코치

자격증을 강조한다고 '자격증만' 있는 피지컬 코치가 되라는 것이 아니다. 본인이 자격증을 위해 투자하는 시간 5~10년 동안 정말 많은 경험을 해보고 실험을 해봐야 한다. 나도 피지컬 코치가 되기 위해 공부하고 자격증 취득까지 걸린 시간이 정확하게 6년이다. 그리고 경험은 3년이다. 나도 아직 경험이 많이 부족하기 때문에 실수를 줄이기 위해 지도를 하면서도 더 많은 논문을 보며 답을 찾아가고 세세하게 계획한다. 또 경험이 많은 코치들에게 자문을 구한다. 프로 팀에서의 실수는 이로 인해 선수와의 신뢰가 깨지는 것으로 이어지며, 선수와의 신뢰가 깨지면 더 이상 피지컬 코치로서 미래가 없을 것이다.

그렇게 시간을 알차게 투자한다면 분명 재미없는 10년을 살게 될 것이다. 현대 사회의 문화와 전혀 다를 것이다. 소위 워라밸 운운하며 일과 개인 시간의 비율을 중시하고 자유로운 인생을 살기에는 축구 현장은 너무나 팀 일정에 내 생활이 좌지우지되고, 성적에 따라 엄청난 스트레스를 받는 패턴을 반복해야 하기 때문이다.

하지만 본인이 원하는 피지컬 코치로서 목표를 달성하는 경험을 하게 된다면 그 뿌듯함은 말로 표현할 수 없을 것이다.

이론 vs 경험, 문무를 모두 겸비한 피지컬 코치

피지컬 코치는 축구 도사

학문적으로 전문성을 가지기 위해서 고등교육을 마친 후 대학교에서 전공을 선택하여 학사 학위를 취득한다. 그리고 학문을 더 깊게 배우기 위해 석사 학위를 취득하고 박사 학위를 취득한다. 학사를 한문으로 풀이하면 '배울 학(學)'에 '선비 사(士)', 석사를 풀이하면 '클 석(碩)'에 '선비 사(士)', 박사는 '넓은 박(博), 혹은 깊을 박'에 '선비 사(士)'이다. 쉽게 생각해 학사에서 지식을 배우고, 석사에서 머리가 커지며, 박사를 통해 깊어진다.

하지만 지식의 폭이 깊어진다고 좋은 피지컬 코치가 될 수 있을까? 많은 피지컬 코치 선배들은 각자의 전문성을 강조하기 위해 다양한 국가에서 석사와 박사 외에 폭넓은 교육을 받아왔다. 하지만 그 많은 선배들 중 현재 현장에 남아 있는 분들은 몇 안 된다.

나는 그 이유를 다들 지식을 배우고 깊어지는 데에서 멈췄기 때문이라 생각한다.

피지컬 코치는 대학교 교수가 아니다. 지식만을 강조해서는 안 된다. 코치는 지식이 많다고 잘 가르치는 것이 아니다. 좋은 길을 제시할 수 있는 코치가 되어야 한다. 그래서 나는 피지컬 코치는 축구 박사, 피지컬 박사가 아닌 축구 도사, 피지컬 도사가 되어야 한다고 생각한다. 각자만의 지식과 정보를 선수들에게 제시하고 길을 잘 인도하며 이끌어 결과물로 증명해야 한다.

그렇다면, 교육 기관에서 알려주는 것을 공부하기만 하면 박사가 될 수는 있겠지만, 도대체 도사는 어떻게 되는 것일까 궁금할 것이다. 도사는 배우는 것이 아니다. 경험이라고 생각한다. 한마디로 지식과 지혜를 겸비한 피지컬 코치가 바로 도사이다.

내가 가장 존경하는 한국인 피지컬 코치도 나에게 했던 말 중 하나이다.

"문무를 모두 겸비한 피지컬 코치가 되거라."

무엇을 공부해야 하는가

피지컬 코치로 일을 하면서 주변에 피지컬 코치가 되고 싶다는 선후배 친구들이 가장 많이 묻는 것이 어떤 공부를 해야 되는지 모르겠다는 것이다. 굉장히 간단하다. 어렵게 생각하지 않고 차근차근 되짚어본다면 본질을 금방 찾을 수 있다.

우리가 가르치는 대상은 축구선수이다. 축구선수가 훈련을 하는 이유는 경기장에서 좋은 능력을 보여주기 위해서일 것이다. 근육이 예쁘다고 경기장에서 좋은 선수로 평가받는 보디빌더가 아니다. 퍼포먼스를 보이며 결과적으로 성과도 내야 한다. 그럼 피지컬 측면에서 성과를 내기 위해서는 '① 상대보다 많이 뛰어야 하고', '② 상대 선수보다 균형이 좋아야 하며', '③ 힘이 좋아야' 한다. 상대 선수보다 '④ 빨라야 하며', '⑤ 높이 뛰어야' 한다. 이 5가지지표의 역량을 어떻게 늘릴 것인가에 대한 공부를 하면 피지컬 코치가 될 수 있다.

예를 들어, 많이 뛰기 위해서는 유산소 능력이 좋아야 한다. 유산소 능력이 좋아지기 위해서는 우리 몸이 어떻게 구성되어 있는지를 배우는 해부학, 우리 몸이 어떤 기능을 하는지를 배우는 기능해부학, 우리 몸이 어떻게 뛰는지 생리적 현상을 배우는 생리학, 어떤 형태로 뛰는지 배우는 역학, 어떻게 훈련을 시켜야 퍼포먼스가 좋아지는지를 배우는 트레이닝 방법론 등 많은 학문들을 섭렵해야 하는 것이다.

하지만 다시 한번 강조하자면 우리는 축구선수를 잘 뛰게 만드는 지도자이다. 그러면 축구에서 어떤 체력이 요구되는지도 공부해야 한다. 예컨대, 마라톤 선수는 축구선수보다 유산소 능력은 좋을 것이다. 하지만 축구선수가 뛰는 양과 마라톤 선수가 뛰는 양은 다를 것이며 마라톤 선수라고 해도 축구를 하는 도중에는 축구선수보다 많은 활동량을 가지기 어렵다. 왜냐하면, 같은 유산소 능력이라 해도 축구 유산소 능력과 마라톤 유산소 능력은 다르기 때문이다. 축구는 간헐적 스포츠이다. 빨리 뛸 때도 있고 천천히 뛸 때도 있고 걸을 때도 있다. 하지만 마라톤은 일정 범위 안에서 속도가 지속적일 것이다. 따라서 축구 피지컬 코치가 되기 위해서는 축구에 특화된 공부법을 가지고 공부를 시작해야 한다.

축구에 특화된 공부가 중요하다

기본적인 기초 학문은 대부분의 스포츠 종목이 비슷할 것이다. 예를 들면 기초 해부학, 기초 생리학, 기초 역학 등이 있다. 하지만 결론적으로 우리는 축구 해부학, 축구 생리학, 축구 역학, 축구 트레이닝 방법론과 같이 축구에 더 특화된 학문을 지속적으로 발견해야 할 것이다. 그래야 현장에서 일어날 수 있는 변수에 대한 대응을 할 수 있으며 축구선수에게 더 효과적인 방향성을 제시할 수 있다.

유산소 훈련을 예시로 들어보자. 이론적으로는 유산소 능력을 키우기 위해서 유산소 테스트를 진행 후 개인에 맞는 속도를 계산하여 훈련에 적용시키며 향상도를 측정한다. 하지만 축구는 개인 스포츠가 아니다. 프로 팀 기준 각 팀당 적게는 30명 많게는 40명 이상의 선수들이 존재한다. 그러면 각 선수들의 유산소 테스트 결괏값도 다를 것이다. 하지만 같은 시간 같은 훈련 내용을 어떻게 40명의 선수들에게 적용하며 관찰할 것인가? 한 팀에 피지컬 코치가 10명 이상이라면 가능할 것이다.

그러나 한국 축구 문화상 아직까지는 팀당 1~2명의 피지컬 코치가 보편적이다. 그렇기 때문에 정확히 이론적으로 배운 것을 축구 현장에 똑같이 적용시키는 것은 거의 불가능하다. 그래서 나는 최대한 이론과 경험을 활용하기 위해 개별적으로 테스트를 진행한 후 결괏값이 비슷한 선수들끼리 그룹을 나누어 훈련을 시행하거나, 포지션별로 체력 수준의 차이가 존재하기 때문에 포지션으로 그룹을 나누어 훈련을 시행하는 편이다.

이 밖에도 현장에서 일을 하다 보면 환경적인 제약, 선수 개개인의 특성 등 수많은 변수들이 존재한다. 따라서 지식만 있는 코치들은 지식을 통해서만 일을 하기 때문에 쉽게 흔들리거나 포기할 수 있고, 새로운 해결책을 찾는 데 어려움을 갖는다. 한 피지컬 코치님의 경험을 빗대어보자면, 해외 친선 경기가 있어 해외 일정이 생겼다. 축구는 90분 이상의 간헐적 스포츠이기 때문에 45분 이후부터는 물보다는 이온음료 섭취가 퍼포먼스 유지 및 상승에 더 효과적이다. 친선 경기 국가는 덥고 습한 지역이기에 적절한 이온음료 섭취가 더 중요한 역할을 한다. 하지만 해당 국가는 매우 낙후된 지역이기에 이온음료를 구하기 어렵다고 매니저에게 연락이 왔다. 피지컬 코치님은 당황하지 않고 주어진 환경에서 가장 비슷한 성분의 물질을 조합하여 선수들에게 경기 중, 후로 준비해 경기에도 좋은 결과를 가져오고 선수들 회복에도 큰 도움이 됐다. 정확한 지식과 유연한 지혜가 없었다면 대처하지 못했을 것이다.

그렇다면 지혜만 가지고 피지컬 코치를 한다면 괜찮을까 싶기도 하겠지만, 이는 큰 오산이다. 축구에는 정답이 없다. 그렇기 때문에 선수로서 많은 경험을 가진 선수 출신 지도자일수록 현장에서 코칭을 하며 피드백을 주기 좋으며, 또 지도 경력이 많을수록 좋은 코치일 가능성이 높다.

하지만 피지컬 코치는 다르다. 피지컬 코칭에는 정답이 없을 수도 있지만, 인체의 기능 향상 방법에는 정답이 있다. 그렇기 때문에 경험만 가지고 피지컬 코치를 한다면 언젠간 한계에 부딪히게 될 것이다.

선 현장 후 이론 법

나도 현장에 나오기 전에 즉, 선수이자 학생 신분일 때 가장 많이 고민했던 부분이 내 전문성을 더 키우기 위해 공부를 더 한 다음 나만의 피지컬 이론이 완벽해지면 현장에 들어올지, 아니면 아직 이론적으로 완벽하진 않지만 현장이라는 곳에 먼저 도전해볼지에 대한 생각이었다. 그럴 때마다 주변에 많은 현장 지도자 선배님들은 나이가 아직 어리다거나 섣부른 이론으로 시작하면 오래 못 간다는 이야기를 많이 해주었다.

하지만 외국의 지도자들은 조금은 다른 말을 해주었다. 그들은 이론과 현장은 너무나 다르다고 못박았다. 아무리 완벽하게 이론을 정립하고 현장에 들어와도 당황하는 건 마찬가지라고 말이다. 외국은 일단 배우고 현장에 나와서 경험을 하다가 부족함을 인지하게 되면 다시 공부를 하거나 공부와 현장을 병행한다고 조언을 해줬다.

그리하여 나는 현장에 먼저 들어와서 많은 경험을 쌓고 있다. 경험을 하다보면 나에게 부족한 부분이 더 명확하게 보인다. 피지컬 속에서도 내가 관심 있어 하는 분야를 더 정확하게 알게 된다. 그래서 나는 피지컬 코치를, 아니면 스포츠 지도자를 원한다면 먼저 뛰어보라고 알려주고 싶다. 실수도 해보고 경험을 했으면 좋겠다. 그래야 내가 바르게 공부를 하고 있는지, 정말 피지컬 도사가 되고 있는지 알 수 있을 것이다.

피지컬이
차별화를 만든다

공 갖고 경기하는 시간,
선수당 평균 3분

간혹 체력과 기술 중 무엇이 더 중요한지에 대한 질문을 받는다. 제일 당황스러운 질문이다. 무엇이 우선순위인지에 대해 근거 있는 대답을 하기 어렵기 때문이다. 닭이 먼저냐 달걀이 먼저냐 같은 질문이다. 하지만 수치상으로 생각해볼 때 체력은 정말 중요하다. 축구는 11 vs 11, 총 22명의 선수들이 경기를 한다. 공은 하나이다. 공이 하나이기 때문에 22명이 동시다발적으로 공을 다루고 있는 상황은 있을 수가 없다. 공이 아웃되지 않고 계속 90분 내내 경기가 진행되었다는 가정하에 22명 선수가 골고루 균등하게 볼을 가졌다고 하면 1인당 공 점유시간은 채 5분이 되지 않는다. K-리그 평균 인플레이 시간인 60분으로 계산하면 한 선수가 공을 갖고 경기하는 시간은 3분도 되지 않는다. 그마저도 공이 이동되는 시간을 따지지 않았을 때를 말하고 있다. 90분 중에 공을 가지고 있는 시간은 3분, 공을 가지고 있지 않고 뛰는 시간은 87분이다. 그렇기 때문에 체력과 몸을 사용하는 기능적인 훈련은 축구선수에게 필수 요소이다.

그래서 나는 피지컬 코치가 아닌 기술 코치, 전술 코치들에게도 기본적인 생리학과 트레이닝 방법론에 대한 지식이 필요하다고 생각한다. 코치들이 시키는 모든 훈련에는 기술적, 전술적인 요소뿐만 아니라 체력적인 요소가 반드시 존재하기 때문이다. 단순하게 예시를 들어보겠다. 축구장 평균 규격이 가로 68m에 세로 105m이다. 만약 축구장 규격을 가로 100m에 세로 200m로 했다면 선수들에게 어떤 변화가 일어날까? 당연히 뛰는 양이 더 많아질 수밖에 없다. 한마디로 팀 훈련을 시킬 때 단순하게 경기 전술 콘셉트를 위해 훈련 구성을 1m 더 늘리고 줄이느냐에 따라 선수들의 훈련량이 정해진다는 것이다. 또, 매일 같은 전술과 기술을 위해 똑같은 크기의 훈련 형태만을 진행한다면 트레이닝 원리 중 점진성 원리에 어긋나 선수들의 운동 능력은 오히려 퇴보될 것이다.

'라떼' 지도자 시절은 갔다

축구 지도자는 기본적으로 운동을 가르치는 '선생님'이다. 쉽게 학교 선생님을 예시로 들어보자. 국어, 수학, 영어, 과학 등 다양한 과목의 학문을 가르친다. 학교 선생님이 되기 위해서는 사범대학교로 진학해 임용 고시을 거쳐 학교 선생님이 된다. 사범대학교 1학년 때 본인들의 전공에 대해 배우기 전에 가장 먼저 배우는 것이 뭘까? 바로 교육학이다. 무엇을 교육하는지 보다는 어떻게 가르치는지가 우선이다. 본인들이 가진 지식을 어떻게 전달하는지를 습득하는 것이다.

다시 현장의 스포츠 지도자로 넘어오면, 지도자들은 자격증 취득을 위해 축구 혹은 해당 스포츠에 대한 공부를 한다. 축구에 대한 공부를 하고 본인이 생각하는 축구를 지도한다. 여기에 학교 선생님들과 다르게 한 가지 생략된 부분이 있다. 바로 '어떻게 교육할 것인가'에 대한 교육론 즉, 방법론이다. 김천시민프로축구단의 정정용 감독이 U-20 월드컵 준우승 이후 인터뷰가 기억에 남는다. 정 감독님은 SSC를 강조하였다. 'Simple(간단하게)', 'Short(짧게)', 'Clear(명료하게)' 3가지이다. 본인의 알고 있는 모든 것을 다 전달하고 싶은 것은 욕심이라고 하시며 짧고 굵게를 강조하셨다. 이처럼 지도자들은 현장에 나오기 전에 각기 본인만의 축구 철학 이전에 교육 철학, 지도 철학의 확립도 필요하다. 뿐만 아니라, 우리가 가르치는 대상은 인간이다. 인간의 몸이 어떻게 움직이게 되는지 간단한 이론조차 모르면서 어떻게 단순 움직임의 상위 개념인 운동을 가르친다고 할 수 있겠는가?

지금까지는 많은 현장의 스포츠 지도자들이 이 간단한 이론을 모르고 본인들의 경험을 통해 내가 12세 때, 내가 15세 때, 내가 프로 선수 시절때라는 말을 입에 달고 살았다. 그러니 당연하게 선수들에게 신뢰를 잃고 소위 '꼰대' 지도자 혹은 '라떼' 지도자라는 별명이 생긴다. 물론 축구 움직임 또는 축구 스킬적인 노하우 등 경험을 토대로 지도하는 부분도 있다. 하지만 본인에게 잘 맞았다고 제자들에게도 당연히 잘 맞을 것이라고 생각하지 않았으면 좋겠다.

피지컬 코치들은 근거 중심

많은 피지컬 코치들은 경험에 많이 치중하지 않는다. 경험은 이론적으로 설명하지 못하는 부분에서만 등장할 뿐이다. 그 외에는 과학적인 실험 즉, 논문으로 밝혀져 있거나 정확한 근거가 있는 훈련만 선수들에게 전달한다. 왜냐하면 확률적으로 선수들에게 더 긍정적인 효과를 기대할 수 있기 때문이다. 그래서 나는 피지컬 코치들뿐만 아니라 스포츠 지도자를 준비하는 예비 지도자들에게 꼭 말하고 싶다. 스포츠를 알기 전에 인체를 알고 트레이닝 방법론을 숙지하고 현장에 들어오라고 말이다. 그래야 지도자로서 발전할 수 있을 것이다.

내가 현장 지도자가 되기 전, 공부와 선수 생활을 병행할 때였다. 플레잉 코치로 경기를 뛰면서 패스를 하다가 문득 의문이 생겼다. 내가 어떻게 이 패스를 하게 되는 것일까? 뇌과학에 대해 공부하던 시기였기에 선수들의 인지와 학습 과정에 대한 의문점이 갑자기 생겼던 것이다. 축구를 전혀 못 하는 10세 아이가 있다고 생각했을 때 유소년 선수가 볼을 다루고 축구 경기장까지 들어가 공을 다루는 과정이 궁금했다. 선수들은 패스를 생각하지 않고 실행한다. 하지만 패스를 처음 할 때를 돌이켜보면 내가 목표 지점에 정확하게 공을 보내기 위해 모든 신경을 사용한다. 이러한 발상이 더 과학적으로 선수들을 향상시킬 수 있는 시작점이 될 것이다.

경험은 개인이 했던 것이기에 한계가 있다. 간단한 패스 훈련도 운동 제어와 학습에 대한 근거를 갖고 유소년 선수들을 가르친다면 본인이 했던 비과학적 훈련법에서 과학적인 훈련법으로 변화되어 유소년 선수들을 가르칠 수 있을 것이다. 그다음 과제가 기술이고 전술이며 축구이다.

호나우두를 발전시킨 것은 '피지컬'이다

지도자들이 정확한 원리와 방법론을 숙지하지 못하고 훈련을 시키고 있다는 것을 가장 많이 느끼는 부분이 바로 웨이트 트레이닝이다. 웨이트 트레이닝을 하는 선수들을 보면 정확하게 알 수 있다. 트레이닝의 원리 중 특이성의 원리라는 것이 있다. 내가 원하는 목적에 맞는 훈련을 해야 한다. 가령 축구선수들이 웨이트 트레이닝을 한다면 축구를 잘하기 위한 웨이트 트레이닝을 해야 맞는 것이다.

하지만 지금까지 많은 축구 지도자들은 축구에 맞는 웨이트 트레이닝에 대한 고민조차 하지 않았을 것이다. 체력의 중요성을 알면서도 축구선수가 축구를 잘하면 되지 왜 헬스장에서 운동을 해야 하는지 신경을 쓰지 않고 선수들 개인적으로 운동하게끔 내버려뒀다. 그럼 나는 이렇게 반문을 하고 싶다. 세계적인 축구 스타 호날두(포르투갈 축구 대표팀 주장) 선수를 다들 잘 알 것이다. 호날두 선수가 2000년대 초반과 전성기 시절부터 지금까지 가장 많은 변화를 보인 것이 무엇일까? 바로 피지컬이다. 외적인 변화도 있지만 기능적으로도 더 빨라지고 더 높이 뛰고 더 폭발적으로 변했다는 것이다. 기술이 과거보다 월등히 좋아지지 않았다. 그는 이미 화려한 기술을 가지고 있었고 득점할 수 있는 방법을 아는 선수였다. 호날두 선수와 직접적으로 대화해보지는 않았지만 그는 본인의 정확한 상태와 영국의 과학적 축구 선진 문화를 흡수하여 자신의 축구 인생을 설계했을 것이다.

한국 선수들은 보디빌더가 되기 위한 웨이트 훈련을 하고 있다

다시 한국의 웨이트 트레이닝 이야기를 하면, 선수들이 개인적으로 웨이트 훈련을 하는 상황이 반복되면서 나타난 현상이 선수들의 웨이트 트레이닝 형태가 보디빌더식 웨이트 트레이닝과 매우 흡사해졌다는 것이다. 우리나라에 웨이트 트레이닝이 들어온 역사를 살펴보면 미국의 영향이 크다. 미국은 당시 남성성을 강조하기 위해 보기에 멋진 큰 근육을 상품화하고 그것에 특화된 훈련을 보편화시켰다. 그 영향으로 한국의 엘리트 스포츠는 대부분 종목에 특화된 웨이트 트레이닝이 아닌, 근육의 크기를 크게 만드는데 특화된 훈련으로 정착되었다. 그 영향으로 많은 선수들은 더 빨리 뛰고 더 높게 뛸 수 있는 기능적인 훈련이 아닌, 근육을 더 크게 만드는 근비대 훈련 즉, 축구선수가 되기 위함이 아니라 보디빌더가 되기 위한 훈련을 하고 있었던 셈이다.

내가 프로 팀과 대표팀에서 일할 때 선수들로부터 가장 많이 들었던 충격적인 질문이 "코치님, 빨라지고 싶어요", "코치님, 몸싸움 강해지고 싶어요"가 아닌, "코치님, 광배근 키우고 싶어요", "코치님, 어깨 넓어지려면 어떻게 해야 돼요?"였다.

물론 트레이닝 주기화 원리에 근거하면 근비대가 필요한 시기가 있다. 간단한 예시로 근육을 30kg 가진 선수와 10kg 가진 선수가 낼 수 있는 힘의 크기는 당연히 30kg의 근육을 가진 선수가 더 클 것이다. 프로 스포츠 선수와 같이 매우 비슷한 수준의 기술과 기능을 가진 조건이라면 1kg의 근육을 더 만들어서 낼 수 있는 힘의 기본 바탕을 높이는 전략도 필요하다.

하지만 지도자라면 SAID(Specific Adaptations to Imposed Demands)라는 기본적인 인체 원리에 대해 명확하게 알아야 한다. 부과된 요구에 대한 특별한 적응이라는 말인데, 내가 가르친 훈련에 대한 부분만 선수들은 이행한다는 의미이다. 내가 뛰는 훈련을 시켰으면 잘 뛸 것이다. 내가 구르는 훈련을 시켰으면 잘 구를 것이다. 내가 뛰는 훈련을 시켰는데 잘 구르는 것까지 바라면 그것은 욕심이다.

운동장에서 퍼포먼스를 잘 이행하지 못했다고 선수들을 탓하지 말았으면 좋겠다. 선수들이 못하면 내가 부끄러워야 한다. 왜냐하면, 내가 그렇게 행동하도록 적응시켰을 테니 말이다.

피지컬 코치는 경험보다 기술과 전술을, 그리고 선수에게 맞는 적확한 웨이트 트레이닝을 시킬 줄 알아야 한다. 그것이 피지컬 코치가 필수적으로 갖추어야 할 역량이자 기본이다.

선수들을 체력과 전술, 양 날개로 날게 하라

기술 vs 체력, 결국은 체력 싸움

기술이 월등하게 좋은 팀과 체력이 월등하게 좋은 팀이 경기를 한다면 어느 팀이 이길 것 같은가? 결과는 당연하다. 기술이 월등하게 좋은 팀이다. 이유는 간단하다 공을 안 뺏기기 때문이다. 축구 경기 데이터를 유심히 보면 간혹 상대 팀보다 적게 뛰었음에도 불구하고 승리하는 경우가 많다. 경기 대부분의 시간을 공을 가지고 주도를 한다면 뛰는 형태가 수동적이기보다는 능동적이다. 그렇기 때문에 선수들이 뛰고 싶은 만큼만 뛰고 정신적인 체력의 소모도 비교적 적다.

그럼에도 불구하고 프로 팀에서는 왜 기술 훈련보다는 전술 훈련과 체력 훈련에 더 많은 신경을 쓰고 있을까? 기술의 향상은 대부분 인체 성장과 비슷하게 향상되기 때문에 인체 성장이 가장 활발한 유소년 시기에 가장 많은 향상도를 보인다. 성인이 되고서도 기술이 향상되긴 하지만 향상도가 매우 미비하며 기술보다는 경험의 축적이라는 표현이 더 맞다고 생각된다. 그렇기 때문에 성인 프로 팀에서 상대방을 이기기 위해 기술 훈련을 한다는 것은 매우 비효율적이다.

그래서 기술이 좋은 유소년 선수들이 성인 무대에 진출해도 빛을 발하지 못하는 경우가 많은 이유가 피지컬의 문제라는 지적이 많다. 기술은 뛰어나지만 경기 중 상대 선수와의 경합 상황을 이겨 내지 못하는 장면이 많이 나오면서 감독과 코칭스태프의 신뢰를 잃는 사례를 다수 볼 수 있다. 그로 인해 많은 유소년 선수들이 피지컬의 중요성을 알고 웨이트 훈련 및 전문적으로 축구 피지컬 레슨을 따로 받는 모습을 볼 수 있다.

하지만 가장 효과적인 방법은 유소년 연령의 각 팀에 피지컬 코치를 배치하는 것이다. 피지컬 코치의 중요성을 알고 이미 프로 산하 팀에서는 U15, U18 팀에 피지컬 코치를 고용하여 그 효과를 보고 있으며, 막 프로에 올라온 선수들의 퀄리티도 피지컬 코치가 있던 팀에서 온 선수들의 개인 관리가 월등하게 좋은 모습을 볼 수 있다. 하지만 안타깝게도 많은 일반 학교 엘리트 팀의 경우 예산의 문제로 피지컬 코치의 고용에 어려움을 갖고 있는데, 전문적인 코치를 고용하기 어렵다면 일반 지도자들도 그에 맞는 지식을 습득해야 한국 축구의 발전이 있을 것이다.

체력을 중시하는 팀이라면…

그렇다면 기술이 월등한 팀을 이기기는 불가능할까? 축구에는 수많은 변수와 규칙이 존재하기 때문에 가능성이 전혀 없지 않다. 그래서 가능성을 높이기 위한 첫 번째 방법이 바로 전술이다. 전술이 좋을수록 기술이 부족한 것을 티 나지 않게 하면서 효과적으로 경기를 운영할 수 있고 기술 외의 장점을 활용할 수 있다. 예를 들면, A팀은 기술이 좋은 선수들은 없지만 힘이 좋은 공격수 한 선수와 달리기가 빠른 한 선수가 있다고 가정해보자. 이때 1차적으로 수비를 안정되게 구축한 후 수비 진영에서부터 힘 좋은 공격수에게 단시간에 공을 침투시켜 공 점유를 지킨 다음 달리기가 빠른 공격수에게 전개하는 식의 역습 전술을 통해 득점할 수 있는 상황을 많이 창출해낸다면 기술 부족의 한계를 극복할 수 있을 것이다.

두 번째 방법은 체력이다. 기술이 조금 부족하더라도 체력이 좋아 잘 뛰고 힘이 좋다면 격차를 줄일 수 있다. 근본적으로 축구는 90분 이상 뛰는 종목이기 때문이다. 그래서 실력과 수준이 낮은 약한 팀일수록 한 가지 효율적인 해결 방안이 좋은 피지컬 코치를 고용하는 것이다.

대개, 좋은 선수를 많이 갖춘 팀일수록 예산이 많기 때문에 좋은 피지컬 코치를 고용할 가능성이 높다. 피지컬 코치들도 어쨌든 높은 연봉을 주는 팀으로 가는 것을 선호하기 때문이다.

반대로 예산이 적은 팀들은 입문 피지컬 코치 혹은 피지컬 코치를 고용하지 않은 상황도 많이 봤다. 이는 악순환의 반복이다. 구단주들은 효과적인 운영을 하기 위해 막대한 예산을 들여 연봉 5억의 유명한 선수를 고용하는 것보다 때로는 연봉 5천만 원의 피지컬 코치 10명을 고용하는 것이 훨씬 효율적일 것이다. 한 경기의 좋은 경기력을 위해서는 좋은 선수 한 명도 중요하지만, 한 시즌의 좋은 성적을 위해서는 피지컬 코치 10명이 선수단 전체의 컨디션과 체력 수준을 세밀하게 관리하여 전체적인 확률을 높이는 것이 확률적으로 좋은 성적을 내기 위한 하나의 더 효과적인 방법일 수 있다.

이를 아는 많은 해외 감독들은 팀을 옮길 때 사단으로 많이 다닌다. 사단이라고 하면 감독 본인을 필두로 한 코칭스태프를 말하는데 감독, 수석 코치, 골키퍼 코치, 피지컬 코치로 구성되어 있다. 이 중에서도 많은 감독들이 가장 필수로 생각하며 같이 다니는 코치는 바로 피지컬 코치이다. 이유는 간단하다. 전술은 본인이 선수들에게 주입시키면 된다. 하지만 본인이 선수들의 체력과 컨디션 관리를 하기에는 버겁다. 전문성이 필요하기 때문이다. 전술에는 정답이 없지만, 체력과 컨디션 관리에는 과학적 근거와 원리가 존재하기 때문이다. 그렇기 때문에 많은 해외 감독들은 피지컬 코치의 중요성을 알고 좋은 피지컬 코치를 사냥하기 바쁘고 한번 찾은 피지컬 코치는 쉽게 놓아주지 않고 데리고 다닌다.

전술과 체력의 융화가 필요하다

체력을 무식하게 향상시키는 것이 과거 한국 축구의 문제라고 했다. 축구에 특화된 체력 훈련 도입이 현대 축구의 발전된 모습이다. 하지만 이제는 단순하게 축구에 특화된 체력 훈련 정도가 아니라 더 세분화되어야 된다. 같은 축구를 하더라도 팀마다 색이 존재한다는 말을 많이 들어봤을 것이다. 색이라는 것은 팀마다 추구하는 특성 즉, 큰 틀로는 전술이자 성격을 뜻한다. 이제는 축구에 대한 체력 훈련이 아닌, 팀의 색에 특화된 체력 훈련이 필요하다.

예를 들어보자. A팀의 공격적 색은 빠른 측면 돌파를 활용한 크로스 득점이다. 그럼 전체적으로 A팀의 선수들은 측면 돌파를 위한 빠른 속도와 크로스 득점을 위한 점프력, 혹은 볼의 낙하지점을 빠르게 파악하고 좋은 위치를 선점할 수 있는 상황 인지 능력이 좋아야 할 것이다. 이런 식으로 이제 축구선수들의 훈련은 포괄적으로 체력 훈련, 전술 훈련으로 나누는 것이 아닌, 전술과 체력의 융화가 필요하다는 것이다. 그렇기 때문에 전술 코치들도 체력에 관한 기본 지식이 필요하고, 피지컬 코치들 또한 전술에 대한 지식이 필요하다고 하는 이유 중 하나이다.

경기를 위한 모든 훈련들은 전술적 요소와 피지컬 요소가 접목되어 진행되어야 한다. 과거 유럽에서도 전문성을 강조하기 위해 분야를 나눠서 훈련을 시켰으나 축구라는 경기를 위한 훈련임을 깨닫고 '스페셜(special)' 코치에서 '제너럴(general)' 코치로 각자의 역할은 있으나 전반적인 지식을 고루 가진 인재들을 선호한다고 한다. 하지만 한국은 항상 해외에 비해 한 발 느리다. 해외에서 '스페셜리스트' 코치를 구성하는 것을 보고 뒤늦게 각 팀에 피지컬 코치와 비디오 분석관의 직책을 고용한다. 그리고 그들의 역할은 단순히 체력 관리에 대한 아이디어와 비디오 편집이다. 좋은 인력을 두고 활용하지 못한다. 한마디로 기존의 코치 혼자 하던 번거로운 일을 대신 해주는 역할밖에 되지 못한다는 의미이다.

모든 팀의 훈련 프로그램은 구성 시 단순하게 선수 컨디셔닝과 체력 향상에 신경을 쓰거나 전술 코치들 또한 마찬가지로 전술에만 맞는 훈련 프로그램만 구성해서는 안 된다는 소리이다. 간단한 패스 훈련이더라도 팀의 색에 맞는 전술과 체력이 적용된다면 다른 팀에 비해 훈련 한 번의 질은 상당히 높을 것이다. 그렇다면 선수들은 전술 훈련을 하고 있다고 생각하지만 체력 향상이 자연스럽게 이루어질 것이며, 체력 훈련을 하고 있는데 선수들의 전술적인 움직임에 대한 인식이 향상될 것이다. 반대로 B팀의 색이 킥을 활용한 제공권 장악을 활용한 공격 전술인데 매일 지구력 향상을 중점으로 시키고 있다면 실질적으로 경기장에서 체력 훈련에 대한 효과를 전혀 보지 못할 것이다.

이미 변화는 시작되었다

이러한 변화로 인해 축구 피지컬 코치들은 절대적으로 축구에 대한 이해도 측면에서 일반적인 체력 코치와 차별화를 가질 것이다. 체력은 시간이 지날수록 축구에서 가장 많이 부각되고 중요시되고 있다. 이유는 간단하다. 과거 축구보다 현대 축구는 시간과 공간이 없어졌기 때문에 더 빠르기와 더 강하기를 강조하고 있기 때문이다. 그런 까닭에 피지컬 코치의 역할은 그 누구보다 중요하고 볼 수 있다.

이미 해외 많은 대표팀과 프로 팀에서는 수석코치를 피지컬 코치로 두는 사례들이 다소 발생하고 있다. 대부분의 훈련 진행도 피지컬 코치가 담당하고 전술적인 훈련이 진행될 때만 감독과 전술 코치가 훈련을 진행시킨다. 2022년 카타르 월드컵의 벤투 감독(전 대한민국 국가대표팀 감독)도 마찬가지다. 피지컬 코치가 전체적인 훈련을 디자인하고 관리한다. 이러한 이유로 인해 축구 피지컬 코치는 이론적으로 전문가이기만 하면 안 된다. 축구의 전술을 제외한 모든 훈련을 시킬 수 있을 만큼의 축구 기술 또한 갖춰야 할 것이다. 피지컬 코치에게 축구 기술이 반드시 필수적인 요소는 아니지만, 나의 현장 경험에 바탕하면 선수들에게 신뢰를 주기 위해서는 필요한 요건 중 하나라고 생각한다.

축구팀은 스포츠 집단이지만 어디까지나 사람과 사람이 일하는 공간이다. 당연히 선수들은 축구를 전혀 못하는 코치보다는 축구를 잘하는 코치에게 더 신뢰를 갖게 될 것이다. 그렇기 때문에 선수 출신의 피지컬 코치가 비선수 출신 피지컬 코치보다는 유리한 입장에서 시작하는 것은 당연할 것이다.

이 말을 듣다 보면 감독 다음으로 코칭스태프에서 가장 중요한 역할은 피지컬 코치가 아닌가 싶을 것이다. 정답이다. 그래서 앞선 글에서도 해외에서는 피지컬 코치가 수석 코치의 역할을 하고 있고 감독들에게 가장 신임을 얻고 있다고 말했던 것이다. 하지만 한국에서는 축구 문화가 아직 선수 중심이고, 선수로서의 경험을 더 중시하기 때문에 대부분의 피지컬 코치들은 비선수 출신이 많거나 선수 경력이 짧으면 12세, 길면 대학교 학생 선수까지밖에 안 된다. 따라서 한국 문화 속에선 감독, 코치의 신임을 받기 힘들어 막내 코치와 같은 역할을 많이 소화해내곤 한다.

한국의 축구 문화는 아직까지 스타 선수 출신 혹은 프로 선수 출신들이 대부분의 직위와 권한을 갖고 있다. 축구를 잘한다는 것과 축구를 잘 가르친다는 것이 다르다는 사실을 모든 이들이 다 알지만, 이미 정착된 문화를 한순간에 바꾼다는 것은 쉽지 않다.

내 생각에 한국 축구가 발전하기 위해 첫 번째로 바뀌어야 하는 부분은 이러한 문화적 변화라고 생각한다. 그렇기 때문에 언젠가의 변화에 대응하기 위해, 유능한 피지컬 코치가 되기 위해 다양한 분야에서 준비해야 할 것이다.

좋은 피지컬 코치가 되기 위한 3가지 비결

지도자도 원칙과 철학을 갖춰야 하는 시대

시대가 변했다. 선수들은 근거를 원하고 이유를 묻는다. 철저한 규율과 엘리트 집단의 성향이 강한 축구판에서도 변화를 무시할 수 없다. 과거에는 위아래가 확실하게 존재했다. 지도자가 위고 선수는 아래였다. 지도자가 시키면 선수들은 생각을 하지 않고 다 행동으로 옮겼다. 마치 군대와 같았다.

군 생활 초기, 나는 적응하는 데 꽤 어려움을 겪었다. 엘리트 선수 생활을 하면 군대에서 빠르게 적응한다고들 하지만, 나는 군대에서 행하는 모든 것들에 '왜'라는 의문을 품었다. 상병 진급 후에야 비로소 군대는 그냥 '왜'라는 의문을 품으면 안 되는 집단이라는 것을 깨닫고 시간을 보내게 되니 마음이 편했다. 하지만 생각을 닫으니 발전이 없었다. 그저 훈련을 시키면 하고, 자라면 자고, 밥

먹으라면 먹고, 굉장히 단순했다. 이런 단순함은 통제하는 입장에서는 굉장히 효율적이다. 지도자가 된 지금도 마찬가지다. 군대와 같은 문화로 축구팀을 운영하면 굉장히 편할 것이다. 하지만 발전이 있을까? 한 시즌 동안 수많은 변수가 존재하는데, 과연 유연하게 대응할 수 있을까? 100% 단언컨대 그 축구팀은 도태될 것이다.

현대 축구 문화도 많이 변화했다. 선수들도 의문을 품고 질문을 할 수 있고, 자기 주장을 펼칠 수 있으며, 많은 정보들이 우리의 생활 속에 존재한다. 인터넷을 조금만 검색하면 세계적인 축구팀의 훈련을 볼 수 있다. 그렇기 때문에 지도자들이 선수 눈치를 보게 된다. 정확한 근거와 철학이 없다면 선수들은 지도자를 따르지 않게 될 것이고 해당 지도자는 축구판에서 장수하기 어려울 것이다. 과거에는 은퇴하면 당연히도 할 수 있는 게 축구밖에 없으니 자연스럽게 축구 지도자가되었다. 딱히 공부할 필요도 없었다. 말했다시피 시키면 하는 문화이기 때문이다.

하지만 현대 축구는 더 이상 그런 문화가 아니다. 지도자도 선수를 지도할 때 합당한 이유가 필요하며 정확한 원칙과 철학이 있어야 한다.

선수들이 제일 싫어하는 코치

이런 상황 속에 피지컬 코치는 다른 코치들에 비해 훨씬 어려운 상황에 직면했다고 할 수 있다. 이유는 간단하다. 인간은 누구나 편한 것을 좋아하는 성향을 가졌다. 쉬는 것을 좋아하고, 재밌는 것을 좋아하고, 맛있는 것을 좋아한다.

하지만 축구선수에게 지나친 휴식은 체력을 감소시키고, 체력을 향상시키는 훈련들은 항상 재미와는 거리가 멀며, 늘 본인의 한계를 넘어야 하고, 세상의 맛이 좋은 음식들은 선수들의 몸 관리를 방해하기 때문이다. 피지컬 코치는 한 마디로 선수들이 제일 싫어하는 것을 시켜야 하는, 선수들이 제일 싫어하는 코치일 수밖에 없다.

선수들이 싫어하는 체력 훈련을 시키는 피지컬 코치는 고민을 해야 한다. 어떻게 해야 선수들을 설득해서 피지컬 코치들이 설계한 대로 훈련을 잘 진행하고, 선수들이 믿고 따라올 수 있을까 하고 말이다. 답은 하나다. 원리가 명확해야 한다. 뛰어야 하는 이유가 있어야 한다. 방향성을 잘 제시해야 한다. 그러려면 피지컬 코치에 대한 본인의 철학이 확고해야 한다.

체력의 정의

피지컬 코치가 가져야 할 철학은 무엇일까? 가장 근본적으로 체력이 무엇인지에 대한 명확한 이론이 있어야 한다. 체력이 무엇인지도 모르면서 체력 훈련을 시키는 것은 영어를 모르면서 영어를 가르치는 바보 같은 일이다.

'체력'의 정의는 다양하게 풀이할 수 있지만, 피파에서는 축구 '피지컬 퍼포먼스'를 해석할 때 다음 9가지로 나누어서 해석한다. 그 9가지란 지구력(Endurance), 속도(Speed), 균형(Balance), 유연성(Flexibility), 협응성(Coordination), 민첩성(Agility), 폭발력(Power), 근력(Strength), 스프린트 반복 및 스피드 지구력(Repeated Sprint Ability(RSA) and Speed endurance)이다.

각 학술지에서 규정하는 체력에 대한 정의 또한 각각 다르다. 《국제 근력 및 컨디셔닝저널(International journal of strength and conditioning)》에서는 근력(strength), 속도(Speed), 민첩성(Agility), 방향전환(Change of Direction(COD)), 순발력(Quickness), 폭팔력(Power), 지구력(Endurance), 유연성(Flexibility), 신체 조성(Body composition) 9가지로 정의하였다.

이 밖에도 다양한 기관에서 체력의 정의를 다르게 할 것이다. 대상이 일반인이라면 선수만큼의 체력 정의가 필요 없을 것이다. 간단하게 몸무게만으로도 내가 체력이 좋다 안 좋다를 평가할 수 있을 것이다. 대상에 따라 체력의 정의는 무수히 많을 수 있다. 정의가 다를수록 미래의 방향성은 180도 다를 것이며, 전혀 다른 결과물을 만들어 낼 것이다.

내가 생각하는 체력 만들기

그래서 좋은 피지컬 코치가 되기 위한 첫 번째 비결은 바로, 본인들이 생각하는 체력의 정의를 만드는 것이라고 강조하고 싶다. 물론 무작정이 아니라 무수하게 많은 정보를 가질 수 있는 현대 정보 사회에서 본인의 정의를 근거 있게 만들라고 하는 것이다. 각자만의 피지컬 좋은 선수에 대한 평가가 다를 것이다. 점프를 높게 뛰는 선수, 외적으로 몸이 큰 선수, 달리기가 빠른 선수, 경기장에서 활동량이 많은 선수 등등을 이론적으로 단어를 정의하여 만드는 것이다. 이러한 과정을 통해 선수들에게 내가 생각하는 이상적인 체력을 가진 선수에 대해 설명을 하고 계획을 설명한다면 선수들도 피지컬 코치를 믿고 따를 것이다.

프로 팀에서 일하며 코칭스태프 회의를 하다 보면 선수들을 평가할 때 늘 선수들 특징을 이야기하게 된다. 선수들 개인이 각기 지닌 개별적인 특징에 따라 어떤 선수를 영입하거나 기용하는 것이다. 특징이 없는 선수들은 항상 뒷전이다. 그래서 나는 후배 및 제자 선수들에게 항상 특징 있는 선수가 되어야 한다고 조언해주고 있다. 하지만 이러한 조건은 선수들에게만 해당되지 않는다. 지도자들도 자기만의 특징이 있어야 하는 것은 마찬가지다. 일례로 게겐프레싱(Gegenpressing) 전술로 유명한 위르겐 클롭(현 잉글랜드 프리미어 리그 리버풀 FC 감독) 감독, 가장 완성도 높은 4-4-2 포메이션을 구상하는 디에고 시메오네(현 스페인 프리메라 리가 아틀레티코 마드리드 감독) 감독 등 세계의 내로라하는 거의 모든 감독들에게는 각자 본인들만의 축구 특성과 별명이 존재한다.

피지컬 코치의 색

좋은 피지컬 코치가 되기 위한 두 번째 비결은 본인만의 색이 필요하다는 것이다. 자기만의 특성은 선수와 감독뿐 아니라 피지컬 코치에게도 그대로 적용된다. 예를 들면, 손동민 피지컬 코치하면 "어떤 피지컬 코치이다."라는 자기만의 컬러가 필요하다.

더 자세하게 들어가 보자. 피지컬 코치의 개인 컬러란 곧 '손동민 피지컬 코치가 맡은 팀은 어떤 장점이 생긴다'는 이야기가 나와야 한다는 것이다. 가장 대표적인 예시로 나와 K-리그에서 같이 일을 한 길레미 혼돈(현 포항스틸러스 피지컬 코치) 코치를 들 수 있다.

혼돈 코치는 다른 피지컬 코치들과 다르게 명확한 별명이 존재한다. 혼돈의 카오스, 지옥 훈련 전문 혼돈 등 가장 특성이 명확한 피지컬 코치이다. 어느 팀이든 혼돈 피지컬 코치가 부임된다고 하면 선수들은 지레 겁을 먹고 시즌을 시작한다. 하지만 본인의 피지컬 철학은 확고한 코치이다. 본인은 다른 팀보다 80분 이후에 더 많은 활동량을 보이는 팀을 만드는 것을 강조한다. 모든 훈련과 주기화가 본인의 피지컬적 철학에 맞춰져 있다. 실제로 혼돈 코치가 거친 팀들을 보면 높은 수준의 퍼포먼스를 90분 동안 유지하며 K리그 2에서만 3번의 우승으로 팀을 1부 리그로 승격시킨 경력이 존재한다.

피지컬 코치가 되기 위해 공부를 하고 준비를 하고 있다면 피지컬 코치로서 본인의 특징을 더 만들어야 한다. 근거 있는 본인만의 체력에 대한 정의부터 그 체력의 정의를 바탕으로 본인의 피지컬 코치로서의 색을 만들어야 한다. 그럼 선수들은 자연스럽게 근거 있는 피지컬 코치들의 힘든 훈련들을 극복하고 피지컬 코치가 원하는 체력의 팀을 완성시킬 수 있을 것이다.

퍼즐 놀이

마지막 비결은 설계이다. 대다수의 유소년 팀에는 피지컬 코치가 없다. 그래서인지 많은 선후배 지도자들이 체력 훈련 프로그램을 공유해달라는 이야기를 많이 하고 있다. 나는 이런 이야기를 들을 때마다 안타깝다. 어떤 훈련을 시키는 것이 중요한 게 아니다. 어떤 목표와 목적을 가지고 시키는지가 더 중요하다. 내 프로그램은 얼마든지 공유할 수 있다. 하지만 내가 원하는 목적과 시즌 중의 목표에 따라 많은 프로그램들을 퍼즐 맞추기처럼 알맞은 자리에 넣어야 한다. 내가 생각하기에 알맞은 시기의 좋은 프로그램이 내가 공유한 팀의 시기에는 가장 최악의 프로그램이 될 수도 있으므로 퍼즐 조각을 적재적소에 끼우듯 '알맞은' 자리가 중요하다.

극단적인 예로 내가 생각한 최고의 고강도 유산소 훈련을 경기 전날 진행한다면 그 퍼즐은 아무리 잘 맞추고 있었어도 완성할 수 없을 것이다.

피지컬 코치는 설계사이다. 한 시즌을 기준으로 시기별로 필요한 요소를 분별하여 적합한 훈련을 적용하도록 설계해야 한다. 꼭 화려한 훈련이 아니라 목적과 목적에 맞는 원리가 갖춰진 훈련을 할 수 있어야 한다.

본인의 근거 있는 체력의 정의, 이를 바탕으로 갖추진 피지컬 코치적 특성, 특성에 맞는 시기별 훈련 설계, 이 3가지만 명확하게 존재한다면 어느 팀을 가도 인정받는 피지컬 코치가 될 수 있을 것이다.

몸값 10억 선수 한 명만 다쳐도
구단은 엄청난 손해

이미 트렌드가 되어버린 피지컬 코치

어째서 현대 축구에서는 피지컬 코치들이 훈련의 양과 강도를 컨트롤하며 자신들의 전문성을 유럽 및 스포츠 과학 선진국에서 인정받고 피지컬 코치로서의 능력과 기량을 현대 축구의 트렌드로 활용하고 있는 것일까?

과거 축구선수의 몸값과 현대 축구선수의 몸값은 엄청난 차이를 보이고 있다. K리그에서만 외국인 선수의 최고 연봉은 17억 수준, 국내 선수는 15억 수준으로 나오고 있다.

잉글랜드 프리미어 리그의 경우 평균 연봉이 43억으로 추정된다고 한다. 선수 한 명만 다쳐도 대한민국 K리그 한 구단의 선수 전체 연봉과 비슷한 수준의 손해가 발생하는 셈이다. 그런데 잘못된 '주기화', 즉 훈련 계획과 실행은 부상이라는 결과로 직결된다. 만약 이런 팀에서 조금의 오버 트레이닝 현상이 일어난다면 과연 누구의 책임인가?

구단에서는 이적료를 포함해서 비싸게 영입한 선수를 훈련 설계의 부족으로 기용 못 하는 상황이 오면 어마어마한 비용 손해를 보게 된다. 그렇기 때문에 해외에서는 피지컬 코치들의 현장 경험도 중시하지만 정말 이론적으로 근거와 설계가 완벽한 박사 출신들을 선호하는 것이다.

게다가 피지컬 코치도 한 명만 두는 것이 아니라 피트니스 각 분야의 전문가들을 고용한다. 예를 들어, 연봉 1억 피지컬 코치가 연봉 40억대의 선수 20명을 관리할 수 있을까? 절대 불가능하다. 그렇기 때문에 프리미어 리그에서는 선수들의 컨디셔닝과 부상 관리를 피지컬 파트 부서를 따로 만들어 선수 전체를 관리할 만큼 중요하게 생각한다. 해외 유명 클럽팀 선수들의 실력은 이미 세계적인 수준이다. 세계적인 선수들에게 기술의 향상보다는 좋은 컨디션의 유지가 중점일 것이다. 그렇기 때문에 구단은 물론이고 감독과 선수들조차도 인체에 대한 정확한 지식과 정보가 있는 피지컬 코치를 원하는 것이다. 그런 자격 조건을 갖춘 피지컬 코치라야 훈련 전, 훈련 중, 훈련 후의 체계적인 관리를 통해 부상에 대한 노출을 사전에 방어할 수 있게 될 것이기 때문이다. 이처럼 현대 축구에서 피지컬 코치는 가장 중요한 역할을 하고 있다.

K리그의 변화, 한국인 피지컬 코치가 대세다

대한민국 축구계도 이와 같은 해외의 트렌드로 피지컬 코치의 중요성이 과거에 비해 강조되고 축구 현장에는 많은 변화가 보인다. 이제는 모든 K리그 프로 팀에서 의무적으로 피지컬 코치를 고용하고 활용하고 있다. 한 가지 인상적인 것은 소수의 브라질 피지컬 코치 외에는 모든 구단의 피지컬 코치가 한국인이라는 사실이다.

2002년 한일 월드컵 이후 대부분의 K리그 프로 팀에서는 피지컬 강국인 브라질과 영국 등의 코치들이 한국 프로축구 구단의 피지컬 코치 자리를 차지하고 있었다. 한국인 피지컬 코치가 적었던 이유도 있지만, 외국인 코치들에 비해 한국인 코치들이 인정을 받지 못했기 때문이다.

하지만 이제는 피지컬 코치들이 늘고 있는 추세이며, 안팎으로 널리 인정을 받고 있는 실정이다. 프로 팀뿐만 아니라 실업팀 혹은 대학팀, 프로 팀 산하 U-18, U-15 유소년팀에서도 피지컬 코치들을 볼 수 있다.

피지컬 코치들의 능력에 따라 그 역할 또한 다르다. 코치들은 감독이 생각하는 이상적인 훈련 및 경기 형태에 대한 도움을 주는 역할이다. 결정은 팀의 감독이 내리고 책임도 감독이 지기 때문이다.

그래서 소속 팀 감독은 피지컬 코치에게 원하는 만큼만을 요구한다. 감독이 선수들의 워밍업을 원하면 그 팀의 피지컬 코치의 역할은 워밍업에 그치고 감독이 선수들의 체력 테스트만을 원하면 그 팀 피지컬 코치의 역할은 선수들의 체력 테스트에, 감독이 선수들의 컨디션 회복에 중점을 둘 것을 강조하면 피지컬 코치는 선수들의 회복에만 초점을 두게 된다.

많은 피지컬 코치를 준비하는 지인 혹은 감독들이 나에게 피지컬 코치에 역할에 대해 묻는다. 그럴 때마다 나는 굉장히 곤란하다. 왜냐하면 팀마다 다르기 때문이다. 또 본인이 원하는 방식에 따라 달라질 것이기 때문이다. 예를 들어, 경찰에게 같은 질문을 한다고 생각해보자. "경찰은 무슨 일을 하나요?"라고 물으면 큰 틀에서 "도둑을 잡아요"라고 할 수 있다. 하지만 경찰도 현장에서 범인을 잡는 수사 경찰, 경비와 교통을 맡는 경찰, 112치안종합상활실에서 근무하는 경찰, 정보안보외사를 맡는 경찰 등 다양하게 맡은 임무에 따라 역할이 다를 것이다.

피지컬 코치의 3가지 역할 분야

그래도 피지컬 코치의 정확한 역할의 정의는 필요하다. 그래야 활용법이 다양해지기 때문이다. 이미 해외에서는 같은 피지컬 코치들이라도 분야를 나눠서 전문성을 활용하고 있다. 먼저, 총괄 퍼포먼스 디렉터가 존재한다. 퍼포먼스 디렉터는 의무 분야부터 영양 및 피트니스 영역까지 모든 관리와 팀의 퍼포먼스에 대한 방향성을 잡고 부서를 이끌어간다. 피지컬 코치도 크게 세 분야로 나뉜다. 필드에서 팀 선수들의 퍼포먼스를 향상시키기 위한 피지컬 헤드 코치, GPS와 다양한 피트니스 데이터를 관리하고 분석하는 데이터 사이언티스트 코치, 선수들의 컨디션과 부상 방지 및 부상에서 필드 복귀까지 관리하는 S&C(Strength and Conditioning) 코치로 나눌 수 있다. 기술 코치들도 수석코치를 기준으로 공격 코치, 수비 코치, 분석 코치 등 역할을 나누면서 효율을 높이듯이 피지컬 코치들도 같은 맥락이라 생각하면 된다.

하지만 한국 축구는 현실적으로 해외 문화를 수용하기에 어려운 부분이 많다. 그래서 적게는 피지컬 코치가 없거나 많게는 2명이 최선이다. 그렇기 때문에 감독이라면 피지컬 코치가 어떤 역할을 해줬으면 좋겠는지 생각하고 그에 맞는 능력을 가진 피지컬 코치를 고용하는 편이 훨씬 효율적일 것이며, 또 피지컬 코치가 되고 싶다면 기본적인 학문을 공부하고 어떤 피지컬 코치가 될 것인지 방향성을 정한 뒤 경험을 하는 것이 효율적이다.

대표팀의 유소년 연령대 감독은 피지컬 코치에 대한 신임이 두텁다. 그래서 모든 훈련을 피지컬 코치와 상의한 후에 결정한다. 심지어 전술 훈련을 할 때조차 피지컬 코치에게 조언을 구한다. 예를 들면, 좋은 컨디션을 위해 당일 훈련으로 수비 전술 훈련을 할지 공격 전술 훈련을 할지를 상의한다. 공격 전술 훈련과 수비 전술 훈련 시 나오는 선수들의 퍼포먼스가 달라지기 때문에 이는 선수들의 컨디션 관리에도 영향을 끼치기 때문이다. 공격 전술 훈련을 한다면 공격의 시작점에 따라 공격수들의 스프린트 거리가 달라질 것이며, 이는 선수들이 가지는 운동 부하를 나타낼 수 있다. 또 공격 전술 훈련 시 선수들에게 피드백은 정확하게 몇 분 정도할 것인지도 상의할 수 있는데, 감독이 피드백을 주며 코칭을 하는시간은 선수들의 휴식 시간 개념으로 적용된다. 그렇기 때문에 휴식 시간인 피드백 주는 시간을 피지컬 코치와 상의하는 것이다.

하지만 앞서 말했듯이 결정권자는 감독이지 피지컬 코치가 아니다. 그런데도 많은 피지컬 코치들이 이 기본적인 것을 무시하고본인이 배웠던 이론을 더 강조하곤 한다.

사실 과학엔 정답이 있다. 학교에서는 축구 현장을 가르치는 것이 아니라 과학을 가르친다. 정확한 통제 속에 진행한 연구를 통한정답을 준다. 현장에서도 100% 과학적으로 적용해야 할 부분이있고 경험을 함께 적용해야 할 부분이 있다. 예를 들면, 스피드 및근력 향상에 대한 부분은 100% 과학을 신뢰해야 한다. 하지만 주기화와 훈련 설계 같은 부분은 경험이 다소 필요하다. 아직까지 축구 주기화에 대한 연구가 부족하기 때문이다.

주기화란 간단하게 선수들의 좋은 컨디션을 위해 혹은 부상 방지를 위해 주기, 분기, 중기, 장기적으로 훈련의 양 및 강도를 디자인하는 것이라고 생각하면 된다. 그렇기 때문에 축구는 과학과 다르므로 경험이 많은 감독들의 의견을 존중해야 한다. 많은 지도자들은 피지컬 코치들이 상당한 학습량을 쌓고 현장에 나왔다는 것을 인지하고 인정한다. 하지만 현실적인 평가는 소통이 아니라 마치 통보를 한다는 견해가 많다. 그렇기 때문에 때로는 선수들뿐만 아니라 코칭스태프를 자연스럽게 설득하고 방향성을 잘 제시하는 동시에 소통하며, 선수 부상을 예방하고 선수들의 좋은 퍼포먼스를 이끌어내는 것 또한 피지컬 코치의 중요한 역할이라 생각한다.

선수들의 식단,
영양 밸런스 관리법

경기만큼 중요한 회복

일반적으로 축구 프로 리그에서 1시즌 동안 소화해야 될 경기는 30~40경기 정도이다. 1시즌은 1년이라기보단 프리시즌 2달 정도와 휴식 기간 1달, 총 3개월을 제외하면 3월부터 11월까지 평균 36주 동안 쉼 없이 주당 1~2경기를 소화해야 된다는 뜻이다. 적지 않은 경기 수이다. 그렇기 때문에 경기가 지속됨에 따라 중요한 역할을 하는 것이 바로 회복이다.

인간의 인체는 정직하다. 내가 관리하고 내가 준 자극에 대한 반응이 결과로 반드시 나타난다. 긍정적인 자극은 기능 향상에 도움을 주지만 부정적인 자극은 부상을 가져온다. 운동이 과하면 부상이 온다. 반대로 적게 하더라도 부상은 온다. 또 운동 패턴이 단조로워도 부상이 온다. 뭐든지 알맞게 했을 때 좋은 컨디션과 퍼포먼스를 유지할 수 있다. 하지만 매주 경기와 매일 훈련을 1년 동안 진행한다면 인체를 모르는 사람도 당연히 부상이 올 수 있다고 생각할 것이다. 그렇기 때문에 많은 경기와 훈련 속에 좋은 컨디션과 퍼포먼스를 낼 수 있는 비법이 회복이다.

과학이 발전함에 따라 많은 회복 장비들이 생겨나고 실질적으로 도움을 주고 있다. 또 시장에서 판매되고 있는 많은 에르고제닉 (보조제)을 통해 회복과 퍼포먼스 향상에 도움을 주고 있다. 하지만 생각보다 회복은 고가의 장비를 통해, 비싼 약물을 통해 이루어지는 것이 아니다. 거창한 장비와 음식보다는 잘 자고 잘 먹고 잘 쉬면 된다. 예시로, 설탕과 진수성찬이 있다고 하면 둘 중 어떤 음식이 회복에 더 도움이 될 것 같은가? 백이면 백 진수성찬이라고 답할 것이다. 하지만 때론 설탕이 진수성찬을 이길 수 있다.

회복에도 골든 타임이 있다

운동이 끝난 후 45분 이내가 회복의 골든 타임이다. 우리 인체는 3가지 영양 섭취 타이밍이 존재하는데 '에너지 단계 + 운동 수행 단계', '동화 단계', '성장 단계'로 나뉜다. 이때 동화 단계가 바로 골든 타임을 의미한다. 동화 단계 시 적절한 단백질과 당을 섭취하면 근육의 회복 및 피로도를 효과적으로 저하시킬 수 있다. 아무리 영양 배분을 잘한 진수성찬일지라도 운동 직후 45분 이내에 먹는 설탕보다 효과가 비슷하거나 떨어질 수도 있다는 것이다.

물론 잘 자고 잘 먹고 잘 쉬는데 좋은 장비와 보충제가 있다면 더할 나위가 없을 것이다. 하지만 대부분의 선수들은 잠은 늦게 자면서도 이를 상쇄하려고 좋은 보충제를 복용하는 등 기본에 충실하지 못한 모습을 보이기도 한다. 그렇기 때문에 피지컬 코치 입장에서는 기본적으로 모든 선수들이 잘 자고 잘 먹고 잘 쉬었으면 하는 바람이 크다. 기본을 지킨 다음 피지컬 코치가 회복 촉진을 위해 선수들에게 조언할 수 있는 영역이라고 생각한다.

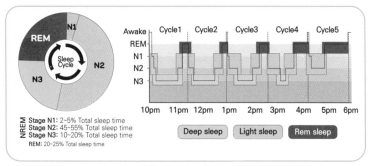

※출처 – Pyjamas, Polysomnography and Professional Athletes: The Role of Sleep Tracking Technology in Sport(MatthewW. Driller 외 6명)

그렇다면 어떻게 해야 잘 자는 것일까? 단순히 많은 취침을 하는 것이 잘 자는 것일까? 절대 아니다. 간단한 예시를 들으면서 설명을 하겠다. 축구 경기를 90분 동안 소화했다고 가정해보자. 이때 한 선수는 취침을 23시~7시, 또 다른 선수는 1시~9시로 각기 다른 시간에 8시간의 숙면을 취했다. 이 두 선수들의 회복에는 차이가 있을까 없을까?

질문한 자체에서 답을 이미 눈치챘을 것이다. 23시~7시까지 8시간을 취침한 선수의 회복력이 훨씬 뛰어나다. 왜냐하면 수면에도 여러 단계가 있기 때문이다. 1~4단계가 존재하는데, 그중 3단계를 딥수면, 마지막 4단계를 램수면이라고 한다. 성인 남성의 평균 램수면 횟수는 4~5회이며, 90분 주기로 램수면이 이루어지기 때문에 가장 적절한 수면 시간은 7~8 시간이다. 램수면은 보통 밤 10시~새벽 6시 사이에 가장 많이 일어난다. 딥수면과 램수면 단계 시 우리 인체는 기억에 대한 저장과 많은 회복 활동이 일어난다. 또한 인체가 일어나 있을 때와 같은 수준으로 근육의 단백질 합성이 가장 활발하게 이루어진다. 한마디로 딥수면과 램수면 시 더 많은 회복을 하고 있다. 따라서 가장 많은 딥수면과 램수면 단계를 고려하면 8시간 이상의 충분한 수면과 함께 멜라토닌, 헬퍼T세포와 NK세포의 기능 활성화 및 성장호르몬이 활발하게 분비되는 밤 10시~11시 사이에 취침을 취하는 것을 권장한다. 그래야 같은 시간을 자더라도 훨씬 효율적인 회복을 가질 수 있다. 이론적으로는 8시간 이상의 수면과 0시 이전의 이른 수면이 회복에 더 도움이 된다는 것은 사실 공부를 하지 않은 사람들도 유추할 수 있을 것이다.

현장에서 적용할 수 있는 방법

사실 수면은 굉장히 개인적인 일이라 쉬운 문제는 아니다. 현재 해외에선 기술의 발달로 침대 밑에 수면 장치를 설치해두면 선수들의 램수면 횟수 및 시간, 깬 횟수 등 수면의 질에 대한 정보를 시각화해서 자료를 보여주어 선수들의 컨디션을 관리에 참고하여 피드백을 해주기도 한다. 대한민국 대표팀에서도 이와 같은 장비를 트레이닝 센터에 설치를 고려하고 시범적으로 사용하기도 한다.

하지만 대표팀에서나 가능한 일이지 프로 구단 및 아마추어, 유소년 팀에선 고가의 장비를 사용하기 힘들다. 그렇기 때문에 피지컬 코치들이 개인적으로 선수들에게 질문을 해 수면 점수를 1~10점으로 수치화하고 수면의 양과 질에 대한 데이터를 모아 관리한다. 왜 그날 하루만 확인하는 것이 아니라 데이터를 모아야 하는지는 선수들의 주관적인 의견이 들어 있기 때문이다.

가령 A 선수는 평소 수면의 질이 3이라고 치고, B 선수는 평소 9라고 치면 당연히 B선수의 수면의 질이 높았을 것이다. 하지만 평소 3으로 했던 A 선수가 어느 날 6이라고 하고, 평소 9로 하던 B 선수가 7이라고 하면 수치상으로는 아직까지 B 선수의 질이 좋다고 생각하겠지만, 평소보다 훨씬 수면의 질이 3점 높게 평가된 A 선수의 컨디션은 훨씬 좋을 것이고, B 선수는 평소보다 수면의 질이 떨어지기 때문에 컨디션이 다소 떨어졌을 수 있다. 이런 까닭으로 데이터를 모으고 꾸준한 관리와 모니터링, 관심이 필요한 것이다.

그럼 현장에서도 이와 같은 이론을 똑같이 적용할 수 있을까? 경기 후 충분한 수면은 회복에 많은 영향을 끼친다. 그렇기 때문에 좋은 질의 수면을 8~10시간 정도로 권장하고 있다. 하지만 대부분의 프로축구 경기 시간은 야간이다. 20시 경기라고 가정하면 22시에 끝나고, 선수들이 퇴근하고 집에 도착하면 평균 0시일 것이다. 또 경기 이후에 과한 운동은 아드레날린 분비로 수면에 방해를 주고 온몸의 근육통을 유발한다. 선수들은 퍼포먼스 향상에 도움이 되는 보조제인 카페인을 섭취한다. 이러한 과정들은 선수들의 야간 수면을 방해할 것이다. 그런 상황에서 선수들에게 막연하게 자라고 강조하는 것은 신뢰를 잃는 행동일 것이다. 나 또한 선수 시절 야간 경기 이후 숙소로 돌아와 쉽게 수면에 들지 못했다. 평소에는 눕기만 하면 자는 스타일인데도 말이다. 이럴 때 피지컬 코치들이 필요한 것이다. 본인 알고 있는 지식을 선수들에게 전달해주거나 논문을 통해 올바른 해결책을 제시하는 것이다.

자기 전에 따뜻한 물에 탕욕, 취침 전 명상을 통한 경기 후 이미지 트레이닝을 추천하고, 가령 잠이 안 오더라도 눈만 감고 휴식을 취하는 것만으로도 실제 수면에 드는 것만큼의 회복을 할 수 있다는 연구 논문을 통해 선수들에게 전달한다.

최근에는 수면 유도제를 추천하기도 하는데 이는 대표팀이나 해외 프로 리그에서 많이 사용되고 이슈가 되고 있다. 정확한 수면 유도제 관련 프로세스가 없기에 선수들이 중독 수준에 있기도 한다. 유럽 빅 클럽 팀엔 대표팀 소속으로 장시간 동안 비행기로 이동하며 시차 차이가 많은 나라에서 경기 혹은 생활을 단기간에 갑작스럽게 하기도 한다. 또 국가 간의 경기뿐만 아니라 챔피언스리그 혹은 유로파리그 같이 다른 나라의 팀들과 경기를 하는 형태가 많기 때문에 수면 유도제 복용이 매우 흔하다. 그렇기 때문에 중독되지 않는 선에선 권장하기도 한다.

모든 분야에서 그렇겠지만, 회복에서도 밥 잘 먹기, 잠 잘 자기, 휴식 잘 취하기와 같은 기본에 충실해야 된다.

4장

경기력을 10배
향상시키고
체인지업하는
차별화 전략

의사소통이 곧
의지로 직결된다

한국인 지도자에게 나이란?

나는 현재 국내 어느 프로 팀을 가더라도 유일한 20대 코치일 것이다. 코치뿐만 아니라 지원 스태프, 구단 직원들을 포함해도 나보다 어린 분들을 보기 쉽지 않다. 한편으로는 능력자라는 표현을 많이 듣는데, 개인적으로 프로 코치 생활의 벽을 느낄 때도 있다. 주변의 나와 비슷한 연령대를 가진 선후배들은 항상 묻는다. 어린 나이에 프로라는 높은 수준에서 일을 하는 것이 대단하고 한편으로는 부럽다고 혹은 비결이 무엇이냐고.

그럴 때마다 나는 항상 대답한다. 절대 어린 나이에 프로 무대에 오지 말라고 말이다. 이유는 간단하다. 엄청난 스트레스를 받기 때문이다. 해외에서 일을 할 것이 아니면 한국은 어쩔 수 없이 나이 문화가 존재한다. 그렇기 때문에 본인의 역량을 100% 발휘

하기에는 한계가 있다. 같은 지도자들과의 처세, 구단 직원들과의 처세, 지원 스태프들과의 처세뿐만 아니라 선수들과의 처세가 가장 중요하다. 피지컬 코치는 때론 선수들과 가장 가까운 관계이고, 어떤 시기엔 가장 먼 관계이며, 또 어떤 시기에는 선수들에게 가장 무서운 존재이다. 당근도 주고 채찍도 주며 가장 많이 소통을 해야 하는 존재이다. 체력 향상의 고통은 모든 선수들이 가장 싫어한다. 하지만 가장 중요하기 때문에 피지컬 코치의 역할은 필수적이다. 이런 면에서 나이가 어린 피지컬 코치는 실력과 별개로 시작부터 어렵다.

노력하는 모습으로 보이는 소통

나의 첫 지도자 커리어는 K-4리그 세미 프로 팀이었다. 선수로 있던 팀에서 갑작스럽게 코치로 직책이 바뀌었기 때문에 선수들이 느끼는 내 이미지가 코치보다는 동료 형, 동생이자 같은 팀 선수라는 인식이 더 컸다. 어떤 훈련을 시키든 항상 불만이 있을 수밖에 없고 당연히 훈련 세션을 진행해도 어색함이 있었다. 게다가 공부만 했던 내용을 현장에서 완벽하게 구현하기에는 상당한 어려움이 있었다.

세미 프로 팀이지만 많은 선수들이 프로 경력이 있었고 적어도 선수 경력이 거의 7년 이상 된 선수들이 대부분이었다. 7년 이상 축구를 했으면 정말 많은 지도자들을 만났을 것이다. 그런데 이제 막 지도자 자격증을 따고 훈련을 시키는 내 프로그램이 믿음이 갔을까? 쉽지 않았을 것이다. 그래서 나는 소통을 엄청 많이 했다. 훈련 하나를 시켜도 항상 몇몇 고참 선수들과 함께 소통하면서 피드백을 받고 적용을 하면서 믿음을 쌓아갔다. 내가 설계한 프로그램의 목적을 선수들에게 전달하면서 같은 방향을 바라보며 확신을 주려고 노력했다. 뿐만 아니라 항상 노력하며 공부하는 모습을 보이고 선수들의 성장에 관심을 보이며 노력했다. 시즌이 끝났을 때 몇 선수들이 나에게 나와 함께 훈련하면서 컨디션도 많이 좋아지고 체력도 좋아졌다고 말을 했을 때 정말 뿌듯했다.

개인적으로 K-4는 피지컬 코치에게 죽음의 리그라고 생각이 든다. 축구에 관심 있는 사람들은 잘 알겠지만 K-4리그는 축구선수들의 병역 문제를 해결하는 리그이다. 정말 대한민국에만 있는 리그이다. 그렇기 때문에 해외에서 참고할 만한 좋은 훈련 방법론이 존재하지 않는다. 병무청 신체검사에서 현역 판정을 받은 선수들은 보통 일반 군대 입대 혹은 김천 상무에 입단을 하지만, 신체 등급 4급을 받은 선수들은 공익 혹은 산업체로 병역을 해결한다. 이 병역 해결 기간 동안 신체 등급 4급의 선수들은 국가의 허가로 K-4리그에서 선수 생활을 이어갈 수 있다.

하지만 문제는 정상적인 공익 업무와 산업체 업무 후 야간에 훈련을 강행한다는 점이다. 보통 오전 9시에 출근해 17시 퇴근 후 18

시 이후 훈련을 진행하고, 1~2시간 훈련을 마치면 귀가 후 저녁 식사를 21시에 한 다음, 소화시키고 취침에 들면 12시가 될 것이다. 좋은 퍼포먼스에서 가장 중요한 적절한 양의 훈련과 적절한 휴식에 대한 최악의 조건을 다 가졌다. 하루 종일 공익 업무를 통해 쌓인 피로도에 훈련에 대한 피로도, 늦은 영양 섭취, 불충분한 숙면이 한 시즌 동안 반복된다면 정말 선수 입장에서는 좋은 컨디션으로 주말 리그 경기를 소화하기 어려움이 있다. 피지컬 코치 입장에선 좋은 체력을 위해 강하게 훈련을 시키면 선수들은 일상생활의 피로와 함께 과부하가 쉽게 온다. 그렇다고 훈련을 너무 안 시키면 주말 경기에서 체력적으로 낭패를 볼 것이다. 때문에 지도자 생활을 하면서 적절한 훈련 부하 관련 논문을 가장 많이 찾아본 시기가 바로 K-4리그 지도자였을 때라고 생각한다.

정확한 방향성 제시가 주는 신뢰라는 소통

첫 지도자 시작이었던 K-4리그에서 한 시즌을 마치고 정말 많은 팀에서 연락이 왔다. 정확히 기억한다. 고등학교 2팀, K-4리그 2팀, K-3리그 1팀, K-2리그 1팀, K리그 2 1팀, K리그 1 1팀, 총 8팀에서 피지컬 코치 혹은 코치 자리를 제안받았다.

정말 너무 많이 고민이 됐다. 과연 현 상황에서 나에게 가장 좋은 위치는 어떤 난이도의 리그일까 하고 말이다. 유소년 팀들은 수석코치 자리였다. K-3, 4 세미 프로리그는 플레잉 코치 자리였다. 선수 생활을 이어갈 수 있는 것이다. 하지만 나는 프로 팀에 도전했다. 사실 1부리그에 대한 욕심이 있었는데 2부리그에서 고등학교 은사님과 함께할 수 있다는 환경이 첫 프로 생활에 매우 힘이 될 것 같기에 선택했다. 주변에서는 걱정도 많았다. 아직까지 지도자 경험이 많은 것도 아닌데 프로라는 높은 난이도에서 시작해 잘되면 다행이지만 평가가 좋지 못할 시 다시는 프로 팀으로 돌아오지 못할 수도 있는 리스크를 갖게 될 수도 있기 때문이다.

사실 프로 팀에서 지도자를 경험해보기 전에 나에 대한 우려 중 일부는 주변 지인들이 나를 향한 시샘이라고 생각한 적도 있었다. 하지만 현실에 들어왔을 때 그 이유를 절실하게 느꼈다. 선수들은 나에 대한 신뢰도가 0에 가까웠다. 선수들뿐만 아니었다. 같은 지도자들도 나에 대한 신뢰도가 없었다. 나이도 어리고 프로 선수 출신도 아니고, 공부는 많이 했다고 하지만 현장 경험 없는 나를 누가 인정해주겠는가? 나는 그때 그것을 몰랐다.

그래도 첫 프로 팀의 시즌 중 선수들에게 의도치 않게 신뢰를 준 계기가 있었다. 바로 진정성과 교육이다. 나는 대학교와 다양한 교육, 그리고 중학교 수업을 통해 남들 앞에서 수업하고 교육하는 것이 익숙해진 상태였다. 그래서 선수들에게 좋은 몸 관리법을 제공해주고자 동계 훈련에 들어가자마자 회복과 영양 섭취 전략에 대한 교육을 1시간 정도 자료를 모아 진행했다. 분명 졸음을 참은 선수들도 있었겠지만, 초롱초롱한 눈빛으로 나의 1시간 교육을 들은 선수들도 있었다. 그렇게 10명 이상의 선수들이 나에게 신뢰가 생겼다. 선수들이 나에게 직접 영양 섭취에 대한 조언을 구하며 시즌 동안 준비하는 과정을 컨설팅 받기도 했고, 강수일(현 안산 그리너스 FC 공격수) 선수는 본인의 20년 축구 인생 중 이렇게 감명 깊은 교육을 해주는 지도자를 처음 봤다고 했다. 그렇다. 내 진심이 선수들에게 통했던 것이다.

그 뒤로는 일을 진행함이 수월했다. 내가 어떤 훈련을 하던 선수들은 믿고 따라와 줬다. 선수들은 모든 훈련에 근거가 있다고 생각하고 믿었다. 여담으로, 선수들은 항상 '손 코치님'이라 부르지 않고 '손 박사님'이라 농담을 하기도 했다.

이러한 경험 이후로 나는 선수들과 피지컬 코치 사이에는 소통이 정말 중요하다고 느꼈다. 그래서 나는 시즌 시작할 때 선수들에게 전달할 연간 주기화를 크게 3가지 단계인 동계 시즌, 개막 이후 시즌 중, 시즌이 끝났을 시 프리시즌으로 나누어 훈련 계획과 몸 관리법을 알려주고, 그 밖에도 시기별 영양 섭취 방법, 회복 방법 등을 설명할 자료를 미리 만들고 교육을 한다.

정확한 자료를 통한 소통

안산에서 시즌을 마친 후 재계약을 안 하기로 마음을 먹고 휴식을 취하던 중, 23세 올림픽 대표팀에서 연락이 왔다. 내부 사정으로 인해 피지컬 코치 자리가 공석인데, 11월에 UAE와 U-21 친선 경기가 잡혀 있던 것이다. 다음 팀이 정해지지 않은 나에게는 또 하나의 기회라는 생각에 빠르게 승낙하고 준비를 했다.

국가 간의 경기였다. 내가 기존에 했던 축구와는 다른 경기라고 생각했다. 경기를 준비하는 과정, 경기 중의 대처, 경기 후의 관리뿐만 아니라 내가 도움을 주는 선수들의 수준도 달라졌다. 21세 경기기 때문에 당시 대부분의 선수들은 2001년생 혹은 2002년생 선수들로 구성이 되어 있었다. 또 대표팀이라는 특성 때문에 선수들이 경기에 임하는 태도 또한 다르다고 생각했다. 훈련을 열심히 하라고 장려하는 것도, 동기부여도 따로 할 필요가 없었다. 선수들은 대표라는 의식을 갖고 시키는 대로 열심히 했다. 나 또한 군인 시절 아침 조회시간에 애국가를 듣던 마음가짐과 대표팀 경기 전 듣는 애국가는 차원이 달랐다. 가슴에 태극마크를 달고 피치(Pitch) 위에서 애국가를 제창해보지 않은 사람은 알지 못할 것이다. 대한민국을 대표한다는 벅찬 감정은 잠시 식었던 애국심을 다시 끓어오르게 만들었다.

나는 큰 오류를 줄이기 위해 최대한 자료를 많이 수집하고 소통을 했다. 예를 들면, 대표팀 경기는 국가 간에 치러지기 때문에 선수들이 장시간 비행기를 타게 된다. 우리 인체는 장시간 동안 앉은 상태로 여행을 하게 되면 급격하게 컨디션이 떨어지게 되는데, 이런 현상을 최대한 방지하기 위해 장기간 여행 시 컨디셔닝 프로토콜을 만들어 공지를 하고, 또 시차적응에 대해서도 자세한 설명과 해결방법을 제시해주었다. 특히 시차적응은 짧은 시간 안에 최대한 생체 리듬의 균형을 맞춰야 하기 때문에 빠른 적응을 위한 프로토콜이 필요한데, 이와 관련한 자료들을 논문을 뒤져 찾아본 뒤 선수들에게 제공하고 또 소통했다.

UAE와 U-21 친선 경기가 있던 11월은 선수들이 시즌을 다 끝내고 보름 이상의 휴식기를 가진 상태였으므로 부상에 대한 염려가 컸다. 그렇기 때문에 실시간으로 나오는 선수들의 외적 부하를 GPS로 체크하며 적절한 훈련량을 설정했다. 당시 나는 이를 위해 황선홍 감독님과 훈련 중에 끊임없이 이야기를 나누었다. 그리고 이렇게 체크한 훈련량 결과치에 따라 훈련을 일찍 끝내기도 하고 더 많이 시키기도 했다. 또 선수들과 대화를 하며 피로도를 확인해 황 감독님과 회의 후 1일 2회 훈련 스케줄을 1회로 줄이기도 했다.

여자 선수들과의 소통

나는 유소년을 직접 전담해서 지속적으로 지도해본 적이 한 번도 없었다. 나의 첫 유소년 지도 경험은 2022년 11월 U-21 아랍에미리트 친선 경기 이후, 2022년 12월 WU-15 대표팀 선수들을 데리고 한 7일간의 소집 훈련이 전부이다.

당시 나는 11월 U-21 대표팀 UAE 친선 경기 이후 현 소속 팀인 포항 스틸러스와 2023시즌 구두 계약을 마쳤다. 그리고 2023년 1월 3일에 포항 합류를 하기로 이야기가 된 상황이었다. 대표팀 친선 경기가 끝난 것이 11월 말이니, 포항 복귀까지 한 달이라는 공백이 더 남아 있었지만, 휴가를 즐기기보다는 현장에 대한 감을 잃지 않고 더 많은 경험을 해보고 싶다는 생각으로 WU-15 대표 선수들 소집 기간 동안 훈련을 맡아 줄 수 있냐는 부탁에 승낙을 한 것이었다.

내가 맡은 WU-15세 팀은 07년생, 나와 띠동갑 차이의 선수들이었다. 게다가 여자 U-17 월드컵을 준비하는 여자 축구 황금 세대의 선수들이었다. 또 재미난 것은 선수단 4분의 1이 울산 청운중학교 소속의 선수들이었는데, 현 청운중학교 감독이 바로 나를 브라질 유학으로 이끌어 주셨던 지도자이다. 선수들과 청운중 감독님 이야기를 하면서 빠르게 친해지고 또 빨리 공감대를 형성하니 훈련을 진행할 때도 어려움 없이 소통이 잘 되었다. 선수들도 젊은 지도자가 와서 매우 반가워했다. 대부분의 대표팀 코치들은 적어도 30대 중·후반일 것이다. 하지만 같은 MZ세대의 지도자이기에 짧은 기간 SNS로 소통도 하고 선수 생활을 하면서 어려운 부분에 대한 이야기를 다른 지도자들에게보다는 편하게 했다.

단지 확실히 여자 선수들은 피지컬적인 측면으로 봤을 때 매우 어려운 점이 많았다. 조금만 힘들어도 안 하려고 하는 모습이 있었고, 기능 자체도 성인 남성을 가르쳤을 때와는 다르게 강도 자체가 나오지 않았다. 그렇기 때문에 훈련 디자인을 할 때도 기존의 방식보다는 새롭게 강도를 끌어내기 위한 형태가 많았고, 선수들에게 더 동기부여를 주고 움직임을 이끌어 낼 수 있게 장려했다.

포항 스틸러스의 소통은 관찰 후 관심

2023년도 때도 2022년도 못지않게 많은 팀에서 오퍼가 왔었다. K리그 1의 2팀, K리그 2의 1팀, K-4 리그 2팀, WK리그 1팀, 고등학교 2팀, 총 8팀이었다. 뿌듯했다. 그래도 내가 잘하고 있어서 나에게 많은 지도자들이 찾아주고 추천해주는 듯했다. 하지만 항상 도전적인 나의 결정은 포항 스틸러스였다. 대한민국 프로 팀 중 최초라는 자부심이 강하고 K-리그 1 경기를 보면 항상 재밌는 축구를 보여준 포항이라는 팀에서 소속감을 느끼고 싶었다.

프로 선수들은 저마다 경기를 준비하는 방식이 제각각 존재한다. 그런데 높은 수준의 선수일수록 개인의 성향이 강하고 변화를 두려워한다. 1부 리그 선수들은 그 모습이 더욱 강하다. 하지만 아직까지 한국 선수들이 경기를 준비함에 있어서 습관화된 루틴 중에 다소 비과학적인 형태가 섞여 있다. 그렇다고 변화를 두려워하는 선수에게 강제적으로 다른 방향성을 제시하면 신뢰가 없는 상황에서 '이 지도자, 알지도 못하면서 무슨 참견이야' 혹은 '지금까지도 잘해 왔다'라는 오해를 쌓고 오히려 거리가 멀어질 수도 있다.

그렇기 때문에 일단 지켜봐야 한다. 선수 개개인의 특성을 관찰하는 능력이 필요하다. 혼자서 준비가 필요한 선수인지, 옆에서 동기부여를 필요로 하는 선수인지, 잘 받아들이는 선수인지, 고집이 강한 선수인지 등 선수의 성격을 봐야 한다. 그리고 저마다 장점과 단점이 보일 것이고 보완점이 보일 것이다. 그럼 선수들에게 툭 던져본다. "요즘 컨디션 좋아 보이네?" "요즘 몸이 좀 무거워 보이네?" 등을 질문해본다. 하나만 딱 던지는 순간 선수들은 사막에서 오아시스를 발견한 듯한 기분으로 본인의 이야기를 꺼낸다. 그렇게 내가 생각했던 필요한 방향성과 비슷한 경우 해결책들을 제시하며 신뢰를 쌓는다. 그렇게 선수 2명만 신뢰를 쌓아도 입소문, 혹은 다른 선수들도 나와 그 선수의 관계를 보며 자연스럽게 '나도 손 코치에게 트레이닝을 받고 해결법을 찾고 싶다'는 생각을 가지게 된다.

사실 이러한 방법은 장사를 하는 아버지를 보며 배웠다. 아버지는 30년 동안 안경원을 운영하신 장사의 베테랑이시다. 2021년 시즌이 끝나고 한 달 정도 휴가 기간 동안 경기도 의왕시에 위치한 아버지의 안경원에 출근하며 아르바이트를 한 적이 있다. 아버지께서는 좋은 지도자가 되기 위해서는 사람을 대하는 방법을 알 필요성이 있다고 권유를 했기 때문이다.

아버지께서는 나에게 고객을 대하는 방법과 장사를 알려주셨다. 연령에 따라, 성별에 따라 어떻게 질문 한 번으로, 혹은 하나의 제스처로 고객의 니즈를 파악하여 내가 원하는 제품을 판매하는 방법을 말이다. 참 재밌었다. 막연하게 명품만 팔면 안 된다고 하섰다. 비싼 제품을 팔아도 되는 고객이 있고 싼 제품을 팔아야 하는 고객이 있다. 몇 번의 짧은 대화를 통해 빠르게 원하는 니즈를 파악해야 고객의 만족도가 높다.

선수들도 마찬가지다. 스피드를 원하는 선수인지, 파워를 원하는 선수인지, 혹은 반응 속도를 올리고 싶은 선수인지, 아니면 단순히 덩치를 키우고 싶은 선수인지 몇 번의 질문을 통해 파악해야 한다. 또 다르게는 A 선수는 강도 높은 훈련을 원할 수 있고 B 선수는 단순히 부상 방지 차원에서 간단한 훈련을 원할 수도 있다.

단지 대상이 안경을 원하는 고객에서 훈련을 원하는 선수로만 바뀐 것이다. 소통의 방법은 변하지 않는다.

외국인 선수들과 소통

내가 어린 나이에 프로 팀에서 일을 할 수 있게 된 차별화된 능력 중 하나는 바로, 언어이다. 축구 분야 외에도 자국어를 포함해 4개 국어를 할 수 있는 사람은 극히 드물다. 팀에 통역사의 유무를 떠나 코치가 직접적으로 외국인 용병들과 소통하고 관리할 수 있는 것은 너무 큰 장점이다. 대부분의 프로 축구팀은 외국인 용병에 대한 비중이 크다. 그런 선수들과 소통이 잘 이루어진다면 좋은 결과는 자연스럽게 따라온다. 외국인 선수들과 한국인 선수들에 대한 친밀도 훈련을 통해 만들어 낼 수 있다.

안산 그리너스 FC에서 피지컬 코치를 할 때의 이야기이다. 다소 빈번하게 용병 선수와 국내 선수들 간에 경기장 내에서 트러블이 존재했고, 나는 이 부분을 훈련을 통해 서로 이해시킬 수 있는 방법을 고민해 훈련 도입 때 레크리에이션 형태로 선수들이 포르투갈어를 사용하며 하는 반응 훈련을 진행한 적이 있다. 간단한 단어를 이용했는데 선수들이 볼 돌리기를 하고 있다가 내가 포르투갈어로 노랑 혹은 주황을 말하면 주변에 해당되는 색의 콘을 빠르게 먼저 잡는 훈련이었다. 포르투갈어로 노랑은 'Amarelo(아마렐로)', 주황은 'Lalanja(라랑쟈)'이다. 이 훈련 후 선수들은 3달 동안은 브라질 용병 선수들과 '헤이 아마렐로' 또는 '헤이 라랑쟈' 하며 인사를 나누기도 했다.

이처럼 각 리그, 팀 또는 국적마다 선수들에게 접근하는 방법과 소통법이 다르다. 아무리 좋은 지식을 갖고 있어도 선수들이 원하는 니즈와 소통하는 노하우가 없다면 무용지물이다.

선수들 몸에
GPS를 달다

GPS는 거짓말을 하지 않는다

피지컬 코치의 업무라고 하면 많은 이들이 GPS를 제일 먼저 떠올릴 것이다. 하지만 GPS는 피지컬 코치 중에서도 데이터 사이언티스트들이 많이 활용하는 하나의 수단이다. 사실 나는 GPS를 절대적으로 활용하지 않는 편에 가깝다고 생각한다. 간혹 GPS로 인해 더 성장할 수 있는 기회에 방해가 될 때도 있다고 생각하기 때문이다.

하지만 피지컬 코치이자 과학자인 나에게 수치화란 내가 하는 일을 정당화시키기 위해 정말 중요한 요소이기 때문에 소통을 위한 활용 수단으로 활용한다. 선수들도 경기나 훈련을 마친 후 가장 먼저, 각자 얼마나 뛰었는지에 대한 관심도가 높다. 그뿐만 아니라 지도자들도 육안으로 판단하지 않고 수치화에서 보이는 데이터에 대한 신뢰도가 훨씬 높다. 내가 오늘 시킨 훈련의 강도나 선수를 평가하기 좋은 수단이라고 생각하기 때문이다. 그렇기에 관심도가 높은 GPS를 활용하며 선수들 혹은 지도자들과 소통하기 위한 방법으로 생각한다.

2022 카타르 월드컵만 봐도 경기 중계방송 화면 하단에 선수들의 전체 뛴 거리가 송출되었다. 이러면 경기를 보는 이들의 관심도도 올라간다. "많이 뛴 팀이 지고 있네, 혹은 이기고 있네"하면서 저마다의 관점으로 경기를 보는 재미를 늘려가는 것이다. 또 황희찬 선수가 카타르 월드컵 예선 포르투갈전에서 마지막에 득점한 후 상의 탈의 세리머니를 하는 바람에 상의 안에 입고 있던 조끼가 드러나 많은 이들이 관심을 기울이기도 했다. 황 선수가 입었던 조끼는 GPS 장비를 착용하기 위한 것으로, 선수들은 조끼에 달린 작은 주머니에 GPS 장비를 장착하고 경기를 뛴다.

그렇다면 왜 피지컬 코치가 GPS를 활용하고 있을까? 피지컬 코치의 역할을 큰 틀에서 바라보면 선수들의 체력 관리 및 부상 방지로 바라볼 수 있다. 그래서 많은 피지컬 코치들이 GPS가 축구에 도입되기 전에는 심박수 측정과 선수들에게 즉각적으로 훈련의 강도에 대한 피드백인 RPE 자각도 확인을 통해 훈련의 강도를 체크하며 적절한 운동 부하를 제공했지만, 여러 내적 피드백으로는 한계가 많이 존재했다. 심박수는 축구선수들에게 정확한 지표로 활용되기에는 즉각적인 피드백에 대한 한계가 존재했고, RPE 자각도는 선수들이 속이거나 혹은 심리적인 영향이 크기 때문에 한

게가 존재했다.

하지만 GPS는 거짓말을 하지 않는다. 선수들이 정확하게 얼마나 뛰었는지, 얼마나 빨리 뛰었는지, 얼마나 높게 뛰었는지 수치화해서 나온다. 그렇기에 보다 정확한 운동 부하량을 확인할 수 있어서 훈련 강도에 대한 부분을 세밀하게 통제할 수 있다.

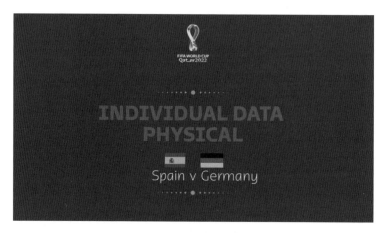

FIFA WORLD CUP - Qatar2022   27 November 2022 - Al Bayt Stadium - 22:00

Physical Data   **Spain**

#	Player	Total Distance (m)	Zone 1: 0-7 km/h (m)	Zone 2: 7-15 km/h (m)	Zone 3: 15-20 km/h (m)	Zone 4: 20-25 km/h (m)	Zone 5: 25+ km/h (m)	High Speed Runs (Zone 4)	Sprints (Zone 5)	Top Speed (km/h)
23	SIMON Unai	4952.6	3639.1	1106.9	158.0	48.0		19	6	24.3
5	BUSQUETS Sergio	10769.0	3082.1	5637.6	1635.8	396.3	17.2	122	31	27.7
9	GAVI	8034.3	3386.2	3585.7	1270.2	556.0	236.2	111	47	32.2
10	ASENSIO Marco	8322.8	2509.3	3573.0	1408.2	678.3	154.0	104	45	31.8
11	TORRES Ferran	5879.4	2109.5	2089.5	1013.6	412.1	254.0	92	34	31.4
16	RODRI	10470.4	3288.7	4856.2	1494.1	645.0	186.4	127	44	31.5
18	ALBA Jordi	8885.7	3284.1	3580.9	1078.7	612.2	329.7	95	54	32.9
20	CARVAJAL Dani	10122.3	3544.8	4017.6	1662.1	693.4	204.5	137	58	29.5
21	OLMO Dani	9749.6	3229.1	3824.9	1593.1	767.3	334.4	152	63	32.1
24	LAPORTE Aymeric	9845.6	3446.9	4384.2	1408.9	483.4	122.1	113	41	31.2
26	PEDRI	12196.3	3021.0	5961.5	2425.8	611.0	176.8	192	52	30.5
7	MORATA Alvaro	4880.6	1615.0	1988.6	606.2	371.9	288.9	53	27	31.8
8	KOKE	3838.5	917.0	1580.3	956.6	360.8	23.8	73	22	26.5
12	WILLIAMS Nico	3234.2	996.1	1257.8	540.4	219.3	220.6	47	21	35.6
14	BALDE Alejandro	1470.7	414.0	523.0	305.0	118.8	109.9	24	12	30.5

Physical Data   Germany ▮▮▮

#	Player	Total Distance (m)	Zone 1: 0-7 km/h (m)	Zone 2: 7-15 km/h (m)	Zone 3: 15-20 km/h (m)	Zone 4: 20-25 km/h (m)	Zone 5: 25+ km/h (m)	High Speed Runs (Zone 4)	Sprints (Zone 5)	Top Speed (km/h)
1	NEUER Manuel	4758.5	3574.6	1015.0	126.6	42.4		14	3	23.4
2	RUEDIGER Antonio	10254.9	3376.9	4480.4	1451.1	631.7	314.8	117	41	33.4
3	RAUM David	9912.0	3257.1	3657.5	1660.3	950.6	385.6	142	63	35.5
5	KEHRER Thilo	7522.5	2605.1	2934.5	1168.3	537.1	277.6	109	44	32.7
6	KIMMICH Joshua	12388.8	2956.0	5980.1	2393.3	844.9	215.6	190	59	31.0
8	GORETZKA Leon	11513.9	3816.9	4853.1	1712.1	831.3	299.4	144	63	33.2
10	GNABRY Serge	9541.5	3302.3	3696.4	1510.4	771.0	262.4	143	59	34.2
13	MUELLER Thomas	8482.8	2795.1	3339.7	1318.2	811.8	218.9	128	60	30.9
14	MUSIALA Jamal	10881.3	3391.7	4492.9	1809.6	1002.2	185.0	168	76	32.4
15	SUELE Niklas	10261.2	3531.9	4732.4	1263.1	514.1	219.6	109	40	31.7
21	GUENDOGAN Ilkay	8596.1	2172.2	4099.5	1735.6	533.0	55.9	139	41	27.0
9	FUELLKRUG Niclas	2909.2	876.3	1285.3	466.3	243.2	38.1	42	15	28.2
16	KLOSTERMANN Lukas	2772.8	892.0	1198.4	439.2	152.5	90.9	31	12	31.0
18	HOFMANN Jonas	1537.0	291.0	754.7	260.7	189.5	41.3	19	13	29.5
19	SANE Leroy	3076.9	905.5	1044.3	606.5	339.1	181.2	46	22	31.7
23	SCHLOTTERBECK Nico	1136.3	295.0	432.5	246.5	95.2	67.2	18	6	32.0

※ FIFA Training Centre 홈페이지

현장에서 GPS는 어떻게 활용되나

현장에서는 GPS를 어떻게 활용하고 있을까? GPS는 고가의 장비이기 때문에 프로 팀 수준 혹은 프로 산하 유소년 팀에서 일을 하지 않는 이상 활용하기에는 어려움이 있다. 따라서 피지컬 코치가 되고 싶은 학생과 지도자들은 GPS에 대한 로망을 많이들 가지고 있다.

분명한 것은 GPS를 많이 사용하다 보면 이 장비를 군이 사용하지 않아도 어느 정도 원하는 수치의 훈련을 설계할 수 있다는 점이다. 이런 방식이 습관화가 되면 훈련 프로그램을 어느 정도 구성할 수 있어 평균적으로 뛰는 양이 그려진다. 그렇기 때문에 나는 많은 지인들에게 너무 GPS에 대한 로망을 지나치게 가질 필요가 없다고 말한다. 생각보다 본인의 다양한 경험이 더욱 중요한 지표가 될 수 있기 때문이다. GPS는 하나의 수단일 뿐이지, 원리와 원칙만 정확하다면 이에 의존하지 않고도 피지컬 코치로서 전혀 부족함이 없을 것이라고 말이다.

많은 지도자들이 GPS 데이터를 평가 지표로 활용하고 있다. 하지만 GPS는 관리 지표이지 평가 지표가 될 수 없다. 무슨 말인지 예시를 들자면, A 선수는 스프린트를 10회, B 선수는 20회 했다고 가정하자. 누가 더 많이 뛰었다고 볼 수 있을까? 당연히 20회 뛴 선수이다. 누가 더 잘했다고 볼 수 있을까? 더 많이 뛴 선수가 더 잘했다고 볼 수 있을까? 당연히 아니다. A와 B 선수의 경기를 모니터링했을 때 A 선수는 10회의 스프린트를 모두 공격 역습 상황에서 공격적인 움직임으로 크로스 전개까지 성공한 모습이고, 반면 B 선수는 20회의 스프린트를 전부 공을 빼앗겨 상대편 공격수를 따라가다가 발생한 모습이라고 가정하자. 그러면 횟수만 바라봤을 때는 20회 선수의 능력이 좋았다고 볼 수 있지만, 실제 경기 능력의 측면에서는 10회 선수가 훨씬 더 좋은 퀄리티의 움직임을 보인 것이라 할 수 있다. 이처럼 단순히 GPS 데이터 지표로 좋은 선수인지 아닌지 평가하기에는 어려움이 있다.

그럼에도 불구하고 선수 경기 데이터를 평가 지표로 활용하고 있는 분야들이 있다. 바로, 선수 영입 상황에서 이 지표가 쓰이는 것이다. 데이터는 생각보다 많은 것을 보여준다. 어떤 경우엔 선수들의 태도를 보여줄 때도 있고, 때로는 그 선수의 기본 성향 및 피지컬 능력치를 보여주기도 한다. 그러므로 관심 있는 선수들이

있다면 간혹 피지컬 코치에게 연락을 해 그 선수의 5경기 정도의
경기 데이터를 요구하기도 한다.

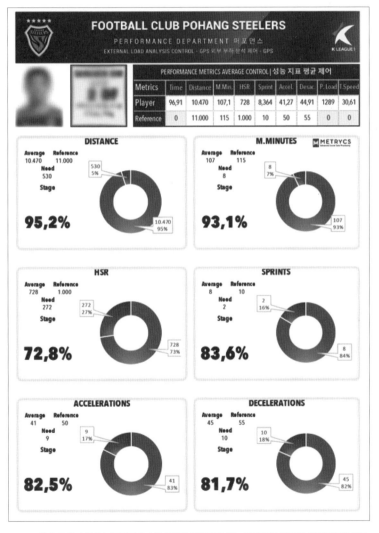

※ 현재 포항 스틸러스 구단에서 선수들에게 제공하고 있는 라운드별 피지컬 데이터통계 자료

예를 들면, 포항 스틸러스에서 A 선수가 이적을 했다. 그 선수와 비슷한 성향의 선수를 감독이 찾고 있다고 가정해보자. 그렇다면 플레이 스타일이 비슷한 B, C, D 3명의 선수를 선별한다. 그리고 그 선수들이 있었던 기존 팀의 피지컬 코치들에게 양해를 구해 B, C, D의 경기 데이터를 수집하여 기존에 있던 A 선수와 비슷한 활동량, 비슷한 파워 퀄리티를 가진 선수를 고르는 것이다. 이런 데이터에 기반해 선수를 선택한다면 이적으로 빈자리에 가장 빠르게 팀과 융화할 수 있는 선수를 고를 수 있게 된다. 선수 경기 데이터 평가 지표는 이렇게 활용된다.

GPS 데이터에 따라 부상률을 줄이는 나만의 공식

그런데 많은 지도자들이 GPS 데이터를 평가 지표 말고 어떻게 활용해야 하는지에 모르는 경우가 많다. 몇몇 프로 팀 및 유소년 팀에는 고가의 장비가 있지만, 활용법을 몰라 사용하지 못하는 엉뚱한 상황도 가끔 초래된다. 아까도 말했지만 GPS는 훈련 부하를 측정하고 확인하기 위한 수단이다. 그럼 1일, 1주일, 1달 동안 어느 정도의 훈련량이 적당한지 먼저 고민해야 한다.

사실 GPS 데이터를 통해 적절한 훈련량은 얼마인지 제시한 연구는 없다. 연구는 통제하에 이루어진다. 하지만 한 시즌 동안 20명 정도의 선수를 통제한다는 것은 사실상 불가능하고, 축구 결과에 영향을 미치는 요인은 수없이 많이 존재하기 때문이다. 그래서 경험적인 측면을 많이 요구하는 부분이 바로 훈련량 설계이다.

개인적인 방법으로는 1인당 1주에 33㎞를 기준으로 잡고 있다. 부상 예방과 좋은 퍼포먼스를 위한 방법은 적절한 훈련량과 적절한 회복이다. 선수들이 한 경기 당 평균적으로 11㎞의 운동을 소화한 후 온전한 근육의 회복까지 소요되는 시간은 48시간이다. 근신경계의 완전한 회복까지는 72시간의 시간이 필요하다. 쉽게 생각해 11㎞당 2일이 필요하다. 1주일 간격으로 경기가 지속된다고 가정한다면 토요일 경기 이후 일요일과 월요일은 회복의 시간이 필요하다. 그럼 다음 경기까지 화, 수, 목, 금 4일의 시간이 있다. 4일 동안 적절한 훈련과 48시간이라는 휴식을 고려하면 하루 평균 5.5㎞ 수준의 훈련량을 계산해볼 수 있다. 하루 100%의 훈련량을 경기와 동일한 11㎞라고 설정하면 대량 2일에 11㎞를 계산할 수 있으며, 4일 동안에 22㎞의 훈련량은 48시간 수준의 충분한 회복을 줄 수 있다. 4일 동안 22㎞를 나눠서 훈련한다면 하루 평균 5.5㎞이다.

하지만 매일 같은 훈련의 양과 강도는 컨디션을 떨어트릴 수 있는 요인이 된다. 또 경기 전날 5.5㎞ 중간치의 훈련량은 좋은 컨디션을 방해하는 요인이 될 수 있다.

그렇기 때문에 이 4일 동안 양을 조절해서 가정한다면 [Day1] 5㎞, [Day2] 8㎞, [Day3] 6㎞, [Day4] 3㎞의 훈련량을 나누어 총 22㎞의 훈련량을 조절한다. 이와 같은 예시로 설계를 하면 과부하로 인한 부상 노출을 최소화시키며 좋은 퍼포먼스를 유지할 수 있을 것이다. 훈련량이 부족하지 않은가 생각할 수 있지만 양보다는 질이 중요하다고 생각한다. 한마디로 이 양 안에서 쏟아낼 수 있는 모든 것을 쏟아낼 수 있게 훈련의 질에 신경을 써야 한다.

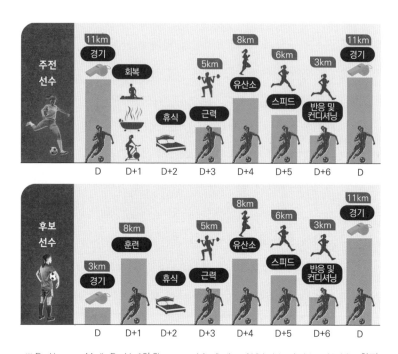

※ Paul Loursen Martin Buchheit의 Sicence and Application of High-Intensity Interval training 참조)

위와 같은 이론으로 만약 시즌 중 경기 스케줄이 일, 수, 토로 경기가 진행된다면 부상 방지 차원에서 훈련이 거의 이루어지면 안 된다고 생각한다. 이미 3경기로 인해 부상 방지를 위한 한 주 적정 훈련량인 33km를 다 채웠기 때문이다. 이런 상황에 놓이면 간혹 감독과 피지컬 코치 사이에 사소한 다툼이 나타나기도 한다. 감독 입장에서는 다음 경기를 위한 전술 인지와 훈련을 어느 정도 시켜야 된다는 입장이 있을 수 있고, 피지컬 코치 입장에서는 충분한 회복 후 경기에 임해야 좋은 컨디션과 부상 방지를 할 수 있다는 입장일 것이다. 하지만 전에도 말했듯이 결정권자는 감독이다. 감독이 훈련을 진행한다고 결정을 했으면 또 그 속에서 좋은 퍼포먼스와 부상을 예방할 수 있는 방법을 고안해야 하는 것이 우리의 역할이다.

데이터가 휴식에 절대적이진 않다. 예를 들면, 포항 스틸러스의 경우는 데이터를 통한 휴식 기간 설정보다는 시간으로 휴식 기간을 계산한다. 경기 후 최소 회복 시간까지 48시간이다. 절대 이 시간 전에는 선수들에게 회복 훈련 이외에는 시키지 않는다. 가령 일요일 경기 이후 수요일에 경기가 있다고 하더라도 말이다.

GPS로 볼 수 있는 지표 5가지

이처럼 훈련의 양을 전체 뛴 거리로 측정을 한다면 훈련의 강도는 다양하게 설정할 수 있다. 현재 GPS 장비로 살펴볼 수 있는 지표는 '총 뛴 거리', '분당 뛴 거리', '고강도 러닝 거리 및 횟수', '스프린트 거리 및 횟수', '가속 및 감속의 거리와 횟수' 총 5가지다. 이밖에도 다양한 지표를 제공해주지만 많은 논문에서 근거 있는 지표는 위의 5가지라 한다.

'총 뛴 거리'는 말 그대로 측정 시간 동안 선수들이 총 뛴 거리를 말한다. '분당 뛴 거리'는 1분당 뛴 거리를 의미한다. 1분당 뛴 거리가 높을수록 많은 활동량을 보인 것이고 훈련의 강도가 높았다고 생각할 수 있다. 고강도 러닝은 많은 의견들이 있지만 보통 19.8㎞/h~25.2㎞/h 그리고 스프린트 속도는 25.3㎞/h 이상의 속도라고 생각하면 된다. 가속과 감독도 순간 이동 속도를 1m/, 2m/, 3m/ 이상의 변화를 확인하여 레벨을 1~3까지 나누어 강도를 체크할 수 있다. 보통 무산소성 강도 지표로 고강도 러닝, 스프린트 지표 그리고 가속과 감속 지표를 많이 활용한다.

더 깊게 들어가 나는 분당 뛴 거리는 유산소 훈련 시 중점으로 할 때 많이 보고, 무산소 훈련 즉, 근 신경계의 자극을 많이 필요로 하는 날은 가속과 감속의 횟수와 거리를 많이 보며, 스피드 중점 시에는 스프린트의 횟수와 거리를 많이 체크한다.

예를 들면, 나는 경기 4일 전인 D-4의 경우 근육과 근신경계 위주의 훈련을 중점적으로 한다. 워밍업 때부터 다리의 근육에 자극을 주기 위해 방향전환과 가속과 감속 훈련을 한다. 축구에서는 SSG(Small Side Game)라는 작은 사이즈의 경기를 진행하는 훈련의 한 종류가 있다. 전술과 피지컬을 같이 이행할 수 있다는 장점이 있기에 현대 축구 훈련에서 가장 많이 활용하는 훈련 형태이다. 이때 경기장의 크기를 축소하고 경기를 시키면 공수 전환과 압박이 빨라지기 때문에 그만큼 방향 전환의 횟수가 많아져 많은 가속과 감속의 능력이 요구된다. 이런 액션이 지속적으로 나타나는 훈련 전반적인 콘셉트 자체를 피지컬적인 측면으로 바라본다면 근력과 근신경계의 운동이다. 4일 전에 한 이유도 분명하다. 경기 날짜와 최대한 멀게 설정하여 경기 당일까지 근신경계의 피로를 최소화하기 위함이다. 전에 말했듯이 근신경계의 피로회복을 위해선 고강도 운동 이후 72시간의 시간이 소요되기 때문이다.

이와 같이 막연하게 많이 뛰었다고 좋은 훈련이고 좋은 데이터가 아니다. 수치화해서 나온 방대한 데이터들을 해석하는 능력이 우리에게는 필요하다. 내가 시킨 훈련의 목적과 데이터가 일치했을 때 선수들이 잘 받아들이고 있다는 확신을 가질 수 있다.

경기 3일 전에는 가장 높은 유산소 강도의 훈련을 진행한다. 그렇기 때문에 총 뛴 거리와 분당 뛴 거리 지표를 확인한다. 운동 기능의 유지 및 향상을 위해 적절한 훈련은 꼭 필요하다. 전에도 언급했듯이 유산소 기능은 많이 뛰면 뛸수록 향상된다. 많이 향상된다는 것은 상대팀보다 경기에서 많이 뛸 수 있고 이길 가능성이 높다는 의미이다.

경기 2일 전에는 스피드 훈련을 진행한다. 그래서 스프린트 횟수 및 거리를 확인한다. 축구선수에게 자주 발생하는 부상 부위 중 하나는 햄스트링이다. 그렇기 때문에 주에 1회 정도는 꾸준히 햄스트링 보강 운동이 필요하다. 또한 연구 자료에 의하면 경기 2일 전의 스프린트 훈련이 시즌 중 햄스트링 부상률을 낮출 수 있다는 프랑스의 'Martin Buchheit' 퍼포먼스 디텍터의 연구도 있다.

마지막으로 경기 전날은 좋은 컨디션을 위해 컨디셔닝과 함께 반응 훈련을 많이 진행하는 편이다.

GPS를 활용한 훈련 방법

GPS의 데이터들이 축적된다면 활용할 수 있는 방법은 무수히 많다. 과거 훈련 형태는 축구선수이지만 공 없이 하는 훈련의 형태에서 근대에 들어서 공과 함께 하는 형태로 많은 변화가 있다. 그 중 대표적인 훈련이 바로 앞서 언급한 SSG(Small Side Game) 훈련이다. 선수들은 단순히 뛰는 것보다는 훨씬 재밌고 목적 의식을 가지면서 훈련을 하기 때문에 더 효과적이라고 할 수 있다. 단순히 크기만 줄었지 실제 축구와 비슷한 형태를 갖추고 있기 때문에 전술적인 지시까지 할 수 있어 체력과 전술 이해도를 동시에 높일 수 있는 좋은 훈련이다.

하지만 단점이라고 한다면 기술과 축구 지능이 좋은 선수일수록 안 뛰게 된다는 측면이 있다. 물론 이를 위한 해법도 있다. 가령 A 선수를 대상으로 해당 날의 원하는 훈련의 양이 1000m라고 가정하자. A 선수는 5 v 5 SSG 훈련을 피치 사이즈 25×30에서 했을 때 평균 뛴 거리를 400m라고 한다면, 1세트만 진행했을 때는 선수의 훈련 할당량이 부족하다. 그렇다고 3세트를 진행한다면 1200m로 200m가 초과된다. 그래서 2세트를 진행하고 200m를 따로 다른 형태의 훈련을 시키는 형태로 전체 훈련 디자인을 설계하면 된다. 이와 같이 하면 훈련량뿐만 아니라 강도도 채울 수 있는 일거양득의 효과가 있다. 또 가령 A 선수가 1주일 동안 훈련 중 한 번도 스프린트를 하지 않았다면 갑작스럽게 경기 시 스프린트 상황이 나올 때 부상의 위험이 있을 것이다. 따라서 사전에 GPS

데이터를 확인 후 훈련 또는 보강을 시키는 것도 가능하다.

　하지만 최근 많은 해외 팀 피트니스 코치들은 오히려 다시 공 없이 하는 전통적인 방법의 훈련을 선호하고 있다. 오류를 최소화하기 위해서이다. 경기 형태로 훈련을 하면 상대 선수와의 부딪힘으로 인한 부상 위험의 요소, 어떤 선수는 뛰고 어떤 선수는 안 뛰고 하는 오류 요소 등이 있다. 그래서 오히려 전통적인 형태의 공 없이 뛰는 모습을 다양한 미디어에서 볼 수 있다.

　간단한 예시로, 손흥민 선수가 소속된 토트넘이 대한민국에 내한하여 훈련한 왕복 달리기 훈련을 회상하면 된다. 가장 트렌디 한 프리미어리그 팀도 단순하게 뛴다고 생각할 수 있겠다. 하지만 그 속에 우리는 모르는 토트넘 피지컬 코치의 과학적 훈련 적용이 분명 존재할 것이다.

국가별 피지컬 코치의 차이와
우리들의 방향성

브라질은 기술 축구?

브라질이라 하면 화려한 기술과 드리블을 떠올리곤 한다. 내가 처음 배운 것도 '징가'라는 축구 기술 문화이다. 현재 울산 청운중학교 여자 축구선수들 경기만 봐도 브라질 유소년 선수들 못지않은 기술과 몸놀림을 보이고 있다. 브라질의 드리블 문화를 흡수한 것이다. 기술 축구라 생각하면 피지컬적으로는 약하다고 생각할 수 있다. 실제로 브라질 리그 경기 데이터만 봐도 한국보다 훨씬 느리다. 한국과 브라질 리그의 고강도 런닝 수치를 비교해보면 경기당 평균 100~200m 이상 차이를 보인다. 그만큼 한국 축구의 속도가 브라질보다 빠르다는 것이다.

한국 리그에 온 브라질 용병 선수들도 항상 이야기한다. 'K리그는 압박이 강하다', 'K리그는 많이 뛴다', 'K리그의 경기 템포는 빠르다'. 그럼에도 불구하고 리그 자체의 속도는 느리지만, 브라질 선수 개개인의 수준은 높다. 또 그에 비해 몸값도 저렴한 편이라 가성비로 많은 국가에서 브라질 용병 선수들을 선호한다. 그래서 브라질은 세계적인 커피 수출 국가이자 축구선수 수출 국가라는 말까지 나온다.

그렇다면 왜 브라질 선수들이 한국 선수들에 비해 기술적으로나 기능적으로 더 뛰어난 것일까? 많은 이들이 알다시피 브라질은 가난하다. 한국처럼 좋은 교육을 어릴 적부터 배울 수 있는 환경과 경제력이 없다. 그렇기에 다들 길거리로 나와 친구들과 뛰어놀고, 걷기 시작하는 날부터 자연스럽게 축구공을 접하며 차기 시작한다. 또 브라질은 24시간 동안 TV에서 축구 방송을 하고 논의하는 모습을 볼 수 있다. 인생의 시작을 축구로 시작한다고 보면 된다.

그렇다면 왜 일찍 축구를 접한 브라질 아이들이 한국 아이들보다 좋을 수밖에 없을까? 우리 인체를 움직일 수 있게 명령하는 곳은 신경이다. 신경이 근육에게 명령하여 우리 몸을 움직이게 만든다. 이런 기능을 하는 신경은 4세 이전에 80%까지 성장된다. 나머지 20%가 이후에 성장된다고 보면 된다. 아이들이 걷는 시기를 평균 생후 12개월 전후라고 보면, 1~4세 동안 브라질 아이들의 공을 다루는 신경은 한국 아이들의 공을 다루는 신경보다 적어도 20~30%는 빨리 배우므로 공을 다루는 신경 기능이 훨씬 월등히 성장한다. 이뿐만 아니라 물라토, 까보끌로, 모레노, 메스티소 등의 다양한 혼혈인 인종이 대부분이라 동양인보다 체격이 큰 장점이 있다.

피지컬 코치 부자의 나라 브라질

그럼 브라질 리그의 경기 템포가 느리기 때문에 그들의 기술은 좋지만 피지컬 능력이 떨어진다고 생각해도 될까? 그건 아니다. 선수 말고도 브라질이 해외에서 많은 인기를 보이고 있는 분야가 바로 피지컬 코치이다.

피지컬 코치를 포르투갈어나 스페인어로 하면 'preparador de fisico', 즉 '체력을 준비하는 자'라는 의미를 내포하고 있다. 피지컬 코치도 직역을 하면 '신체 지도자'라는 느낌에 가까운데, 그래서 해외에서는 피지컬 코치라는 이름보다도 피트니스 코치 즉, '체력 코치'라는 명칭을 많이 사용하는 편이다.

브라질 피지컬 코치들이 왜 인기가 많은지는 브라질의 축구 역사를 생각해 보면 알 수 있다. 브라질의 축구 역사는 한국 축구 역사의 2배 이상이다. 브라질도 축구가 처음 도입되었을 시기에는 한국의 초창기와 마찬가지로 감독이 코치의 역할, 분석관의 역할, 피지컬 코치의 역할, 물리치료사의 역할, 영양사의 역할 등 모든 분야를 총괄했다. 하지만 세월이 거듭될수록 각 분야의 전문성이 필요하다는 것을 이해하고 이를 일찍 받아들여 축구 분야에만 축구 체력 코치, 축구 영양사, 축구 치료사 등을 나누어서 발전시켰다. 그 때문에 브라질 피지컬 코치의 역사는 50년이 넘는다. 다른 국가를 보더라도 피지컬 코치의 역사가 50년이 넘는 나라는 매우 드물다. 단순비교만 해도 한국에 비해 도대체 몇 년이나 앞선 것인가. 이처럼 브라질은 피지컬 코치의 역사가 매우 오래되었기 때문에 이에 비례해 경험에서도 많은 차이를 지니고 있다. 한국뿐만 아니라 많은 국가에서 브라질 피지컬 코치들을 고용하고 성과를 내는 이유가 여기에 있다.

경험으로 배워 가르쳐주었던 브라질 코치

나는 13~15세 동안 브라질에서 축구 유학을 했다. 그때 당시 한국에서는 유소년 선수들이 웨이트 트레이닝을 하면 성장에 방해된다는 이야기를 많이 했다. 하지만 내가 브라질에 있을 때 2주에 1번씩은 지하 웨이트장에서 고강도의 웨이트 훈련을 진행했었다. 앞서도 말했지만 내가 지도를 받은 코치는 전문적인 코치 또는 피지컬 코치가 아니다. 그렇다고 엄청 유명한 팀에서 선수 생활과 지도자 생활을 한 사람도 아니었다. 하지만 그런 코치도 경험적으로 웨이트의 중요성과 방식을 알고 있었다. 배우지 않아도 본인이 어릴 적부터 선수 생활 때 했던 것들을 우리들에게 훈련시킨 것이다.

물론 브라질 피지컬 코치의 특성을 한두 단어로 정의 내리기는 쉽지 않을 것이다. 브라질에는 수많은 교육 기관이 존재한다. 나라가 너무나도 크기 때문이다. 따라서 지역의 코치들마다 그 지역 교육의 영향을 받는다. 또한 브라질 어디 출신인가에 따라도 많은 차이를 보이고 있다.

그럼에도 불구하고 브라질 피지컬 코치들의 가장 큰 특징을 고르라고 하면 그들은 선수들의 모든 체력 훈련을 볼과 함께 시켰다는 점일 것이다.

축구는 공으로 하는 운동이기 때문에 모든 훈련이 공과 함께 이루어져야 한다는 것이 브라질 축구의 철학이라고 할 수 있다. 무식하게 막 뛰는 한국의 체력 훈련과는 방향성이 전혀 달랐다. 조금이라도 축구와 비슷한 형태의 체력 훈련이기 때문에 선수들이 덜 지루해 하고 또 비교적 효과도 좋았다.

또 나를 훈련시켰던 브라질 코치와 다양한 브라질 피지컬 코치들을 보면 보폭을 강조했다. 항상 큰 보폭으로 뛰라고 한다. 딱히 이유를 설명하진 않았다. 하지만 세월이 지나고 내가 공부를 한 뒤 분석을 해보니 그 이유를 알 것 같았다.

우리 몸에서 근육을 발달시키는 것 이상으로 중요한 것이 신경과 건(腱 : 근육을 뼈에 부착시키는 역할을 담당하는 강한 결합 조직)의 발달이다. 내가 보폭을 크게 뜀으로써 단순히 달릴 때 많이 자극을 받는 햄스트링 근육 자체만 활성화되는 것이 아니라 햄스트링 시작 시점의 건 자체에 자극을 주어 우리의 기능을 향상시킴과 동시에 햄스트링 부상 위험률을 낮출 수도 있다.

이와 같이 브라질은 선수들은 알게 모르게 타고난 인종의 이점과 함께 문화적으로 좋은 환경의 피지컬 훈련을 자연스럽게 어릴 적부터 배울 수 있는 환경이 일찌감치 조성되어 기술과 축구 체력 두 가지 요소를 자연스럽게 습득할 수 있었다.

지금의 브라질은…

하지만 현대 축구에 와서는 브라질도 많은 착오를 겪고 있다. 바로 '근거'가 부족해 이로 인해 발생하는 착오들이 점점 늘어나고 있는 것이다. 나도 대학교에서 공부하던 시절 많은 교수님들과 선배님들께 스포츠 과학에 대한 자문을 구하고 의견을 공유하기도 했다. 그때 한 교수님께서는 "나는 남미의 스포츠 과학에 대한 신뢰도가 유럽보다는 낮다고 생각한다."라고 하셨다. 바로 브라질의 현대 축구의 문제점이 여기에 있다고 생각한다.

브라질 축구는 2000년대 초반까지 장기간 세계 정상의 자리에 머물러 있었다. 하지만 그들은 장기간 경험에만 의존한 축구를 해왔으며, 자만심에 빠져 자신들의 경험이 최고라고 생각해왔다. 경험에 의존한 그들의 훈련은 근거가 전혀 없지는 않았다. 그러나 노후 된 근거를 바탕으로 한 경험이다. 브라질의 스포츠 과학은 과학을 바탕으로 한 것은 분명하다. 문제는 과학은 발전한다는 것이다.

현대의 스포츠 과학은 영국과 독일을 중심으로 엄청나게 발전하고 있다. 브라질은 이를 받아들이지 못했다. 그 결과 2002년 한일 월드컵 이후로 브라질은 월드컵 우승을 단 한 차례도 하지 못했다. 세계적인 선수들은 발굴해내지만, 성과를 내지 못한 것이다.

그래서 현재 브라질도 새로운 세대들은 브라질 내에서만 스포츠 과학에 대한 학문을 습득하는 것이 아니다. 영국, 독일, 이탈리아와 같은 유럽 국가로 진출해서 학문을 습득하며 받아들이고 있는 추세이다. 그뿐만 아니라 받아들인 스포츠 과학을 브라질 특유의 축구와 접목하며 학문과 현장을 발전시키고 있다. 대부분의 축구 관련 흥미로운 연구를 찾아보면 브라질에서 연구한 자료이다. 현장에서 활용하기 매우 좋은 연구들을 진행하고 접목시키는 것을 보면 개인적으로 브라질이 다음 월드컵에는 큰 성과를 거두며 한동안 또 전 세계의 축구를 제패하는 시기를 다시 맞으리라는 확신이 든다.

스페인 축구의 핵심은
전술을 바탕으로 한 피지컬

스페인에서 지도자 교육을 받게 된 계기는 피지컬보다는 축구에 대한 이해가 더 필요하다고 느꼈기 때문이다. 스페인의 축구는 전술적인 측면으로 바라봤을 때 그 어느 나라보다 뛰어나다는 개인적인 생각을 갖고 있었다. 이런 확신은 교육을 받으면서 점차 굳어지게 되었다.

스페인에서 배운 것은 크게 두 가지다.

첫째, 훈련에 대한 방법론이다. 흔히들 말하는 트레이닝 방법론이라고 생각하면 된다. 다양한 훈련법이 존재하는데, 크게 3가지를 이야기했었다. 개인 기술을 중점으로 지도하는 '꼬예르베르' 훈련법, 1990년대 포르투갈 빅트로 프라데 피지컬 코치가 만든 '전술 주기화 이론'과 과거 1990의 바르셀로나 피지컬 코치인 파코 세이룰의 '마이크로 사이클 주기화'이다. 이런 기본적인 훈련법 아래 본인이 가지고 있는 전술을 적용시키는 것이 스페인 트레이닝 방법론의 핵심이다.

둘째, 전술에 대한 정의를 배웠다. 게임 모델은 현재 굉장히 보편화되었지만 내가 스페인에서 교육을 들을 때만 해도 지금처럼 익숙한 말은 아니었다. 축구라는 스포츠를 공격, 수비, 공격 전환, 수비 전환, 세트피스 이렇게 5가지로 나누어 경기를 분석하고 또 훈련을 준비한다는 것은 꽤나 충격적이었다.

그리고 교육에서 받은 2가지 내용을 토대로 현장에 많은 지도자들, 피지컬 코치들과 대화를 나누며 스페인 피지컬 코치들의 색을 직·간접적으로 느꼈다.

'게임 모델'을 이용한
훈련과 인식을 강조하는 스페인

'게임 모델이 왜 피지컬 코치와 연관성이 있을까?'라는 고민이 생길 수도 있다. 내가 스페인에서 공부를 하고 축구를 경험해보며 느낀 바로, 스페인의 피지컬 코치는 다소 다른 나라의 피지컬 코치와 다른 부분이 존재한다. 위에 말한 게임 모델을 통해 스페인 피지컬 코치들은 선수들을 훈련시킨다는 점이다. 스페인의 피지컬 코치들은 필드에서 선수들에게 어떻게 경기를 위해 준비한 게임 모델을 잘 인식시키고 소화시킬 수 있을까에 대해 중점을 둔다. 물론 선수들의 컨디셔닝과 부상 방지에 대한 고민도 하지만, 중점적으로 인식에 대한 면이 더 크다고 할 수 있다. 흔히들 체력이라고 하면 잘 달리고 잘 뛰고 강한 몸싸움으로 생각한다. 하지만 스페인은 인식을 강조한다. 선택에 대한 강조이다. 미드필더 선수가 볼을 컨트롤했을 때 많은 상황 속에 다음 단계로 빠르게 선택할 수 있는 인식이다. 그렇기 때문에 워밍업 또는 도입 단계에서 이미 전술이 녹여져 있었다. 예를 들면, 단순한 패스 패턴 훈련도 이번 주 경기 스타일에 따라 변화가 된다. 이번 주 경기 스타일이 역습 축구라면 개인의 퍼포먼스도 중요하지만, 팀 퍼포먼스를 같이 생각한다.

내가 스페인에서 뛰었던 팀은 5부 리그였지만 전 세계 지도자 라이센스 중 가장 높은 단계인 UEFA PRO를 보유 중인 스페인 감독님뿐만 아니라 볼리비아 출신의 능력 있는 코치 또, 스페인에서만 7년 이상의 경력을 보유한 피지컬 코치도 존재했다. 한 주 경기를 준비하면서 느꼈지만, 훈련량이 이렇게 없어도 될까 싶을 정도로 모든 것이 전술 중점이었다. 웨이트 트레이닝 이외에 개인 훈련을 하는 모습을 보이면 감독이 화를 낼 정도였다. 성인팀에서도 하루에 훈련 2회 이상을 하던 나에게는 훈련량이 부족하지 않을까 하는 불안감이 있었다.

하지만 한 시즌 동안 30경기 이상의 전 경기 출장을 부상 없이 다 뛰었다. 5부 리그 템포는 사실 프로 팀 수준만큼 빠르거나 많이 뛰지 않는다. 그래도 내 나름의 퍼포먼스를 경험적으로 한국에서의 선수 생활과 스페인에서의 선수 생활을 비교해봤을 때 큰 차이가 없다는 것을 느끼고, 많은 훈련량이 반드시 경기장에서의 많은 활동량으로 이어진다는 편견을 깬 경험이었다.

이처럼 스페인은 전술적으로 매우 자부심을 갖고 있는 나라이다. 그렇기 때문에 피지컬 코치들의 훈련 방향도 전술을 기반으로 체력에 접근하는 모습을 볼 수 있다.

현대 스포츠 과학의 트렌드

현재 스포츠 과학이 가장 많이 발전한 국가를 말하면 미국이라고 할 수 있다. 다양한 종목들을 과학적으로 분석하고 연구하고 발전시키고 있다. 하지만 유독 미국은 축구 과학이 다소 더딘 편이다. 대신 미식축구를 통해 엄청난 스포츠 과학의 정점을 보이고 있다. 피트니스 코치 속에서도 다양하게 스피드, 근력, 컨디셔닝, 동작 분석 코치 등을 디테일하게 다루고 활용하고 있다. 그래서 개인적으로도 기능 자체의 향상을 위해서는 미식축구 트레이닝을 보면서 아이디어를 얻을 때도 있다.

축구 분야는 아니지만 이종격투기 정찬성 선수도 훈련을 위해 미국행을 선택하고 좋은 시스템 속에서 좋은 성과를 냈다고 생각한다. 그의 인터뷰가 참 인상 깊었다. "개인 기량을 우선시하는 사람 대 사람의 싸움인 투기 종목인 격투기에서 과학적으로 훈련한 선수가 승리할 확률이 높다"고 말했다. "한국은 훈련을 너무 빡세게 한다. 무조건 열심히 해야 한다는 의식이 깔려 있다. 반면 미국은 선수 개인의 사이클 즉, 수면 시간, 심박수 등 개인의 장단점을 파악한 후 훈련 스케줄을 짠다"며 차이점을 말하기도 했고, '힘들지 않았는데 능률이 오른다. 적당히 한 것 같은데 효과가 더 좋더라'는 등 과학적인 훈련법에 대한 극찬을 했다.

축구 분야에서 스포츠 과학이 가장 발달한 나라는 영국과 독일이라 할 수 있다. 연구 실적만 봐도 영국과 독일 혹은 호주의 대학 연구실에서 스포츠 과학의 수준 높은 연구들을 볼 수 있다. 그래서 아직까지도 피트니스 분야를 공부하기 위해 영국행 비행기를 타는 학생들을 많이 볼 수 있다. 사실 나도 그 나라에서 직접적으로 공부를 해보진 않았지만 내가 훈련시키고 관리하는 대부분의 자료나 근거는 영국 혹은 독일의 자료를 많이 참고하는 편이다.

나라의 문화적 특성일지는 몰라도, 이들 국가는 모든 훈련에 과학적 근거를 두고 오류를 최대한 줄이는 과정을 거치는 편이다. 그만큼 인프라의 차이도 어마어마하다. 영국뿐만 아니라 해외에서 유학을 하고 온 코치 혹은 스포츠 과학 분야의 학자들이 공통적으로 하는 말이 있다. 문화적으로 우리나라는 해외를 따라가지 못한다고 말이다. 축구선수들을 육성하는 것뿐만 아니라 지도자에 대한 육성의 차이도 엄청나다는 것이다. 피지컬 코치만 해도 대학 과정을 통해 기본적 스포츠 과학의 이론적 지식을 배우면 마지막 학기에는 현장의 팀에서 인턴을 할 수 있는 기회를 받는다. 팀에서도 인턴에 대한 공고를 올리거나 학생이 직접 접촉을 하는 모습을 볼 수 있다. 그렇게 학교에 다니면서 현장에 대한 경험과 이론을 배운 다음 일을 시작하면 선수들 입장에서도 많은 도움을 받게 될 것이다. 이런 환경을 통해 영국의 프로 산하 유소년 팀의 선수들은 무수히 많은 코치들에게 관리를 받는다. 대부분의 코치들은 인턴이다. 하지만 선수 입장에서는 어릴 때부터 체계적인 관리를 받고 있다. 선수와 지도자 양방향으로 성장할 수 있는 발판이다.

하지만 한국은 지도자가 되기 위해서 경험을 쌓을 수 있는 환경이 없다. 선수 출신은 일자리를 쉽게 구할 수 있지만, 비선수 출신들은 기회를 받기도 어렵다. 피지컬 코치의 경우는 더욱더 어렵다. 학교에서 공부를 하긴 했지만 현장에 적용할 수 있는 장소와 팀이 없다. 간혹 이메일 혹은 SNS를 통해 많은 학생들이 질문을 한다. "손 코치님은 어떻게 경험을 쌓고 일자리를 구하셨어요?"

비선수 출신은 거의 불가능에 가깝다고 표현한다. 한국의 문화가 변화하지 않는 이상 말이다.

이와 같이 피지컬 코치의 역사가 길고 유명한 나라는 그에 맞는 이유가 있다. 단순히 과학이 발전한 것이 아니라 축구 문화가 발전했다. 대한민국도 단순히 선수만 육성하는 것이 아닌 좋은 지도자를 발굴할 수 있는 환경의 조성도 필요하다. 예를 들면, 유럽과 같이 수도권의 스포츠 과학으로 유명한 대학교와 수도권의 프로 팀의 협력으로 대학교 입장에서는 학생들에게 일에 대한 경험을 줄 수 있는 기회를 제공하고, 프로 팀의 경우에는 좋은 지도자를 미리 선점할 수 있는 기회와 유소년 선수들에게 보다 체계적인 환경을 제공해 줄 수 있을 것이다. 이런 식으로 지도자와 선수가 함께 성장한다면 대한민국의 축구도 세계 정상에 도전해볼 수 있는 시대가 올 것이다.

피지컬 코치의 꽃 프리 시즌

체력의 기초 공사는 프리 시즌이 좌우한다

피지컬 코치가 맡은 역할 중에서도 가장 핵심은 바로, 프리 시즌이다. 한국은 대개 겨울에 프리 시즌 일정이 있기 때문에 동계 훈련이라는 표현이 더 익숙할 수 있다. 이 시기에 얼마만큼의 체력을 향상시켜 놓는가에 따라 한 시즌 동안 선수들의 퍼포먼스가 달라진다. 시즌 중에는 많은 경기 일정이 있기에 강도 높은 훈련을 할 수는 있지만, 회복과 부상에 대한 리스크 때문에 실제로 실천하기는 어렵다고 볼 수 있다. 하지만 그렇다고 해서 반대로 프리 시즌 기간에 막연하게 훈련의 강도를 높게 올릴 순 없다. 고강도 훈련에 신체 적응이 안 된 상황에서 지나친 운동은, 마찬가지로 부상이라는 결과를 가져오기 때문이다. 그렇기 때문에 프리 시즌이야말로 생리학적으로 정확한 근거와 지식이 있는 피지컬 코치가 반드시 필요한 시기이고, 피지컬 코치가 가장 중추적인 역할을 하는 때도 바로 이 시기라고 볼 수 있다.

프리 시즌은 건축의 기초 공사와 같다. 건물을 지을 때 가장 중요한 것이 기초 공사라는 사실은 누구나 알고 있다. 지반을 얼마나 깊고 튼튼하게 짓는가에 따라 건물의 내구도가 달라진다. 아무리 화려하고 예쁜 건물이라도 안전하지 못하면 좋은 평가를 받지 못하고 오래가지 못한다. 축구팀의 입장에선 건물의 내구도가 선수들의 체력이라고 보면 된다. 그리고 선수들의 내구성을 올리기 기초 공사의 중요한 기준점이 프리 시즌이다. 아무리 좋은 전술과 화려한 기술이 있어도 체력이라는 내구도가 좋지 못하면 한 시즌 장사인 축구 리그에서는 그저 어쩌다가 한 번씩 강팀을 잡는 도깨비 팀이라는 평가만 받게 될 것이다.

시즌은 100m 달리기와 같다

우리 인체는 참으로 신기하다. 100m 달리기를 할 때 우리 몸은 최고 속력을 찍음과 동시에 이후로 급격하게 떨어지기 시작한다. 최고 순간 속도가 탄력받은 속도에 비해 급격하게 떨어지기 시작한다. 따라서 탄력을 붙여서 최고 속도에 늦게 도달하면 도달할수록 그 선수는 빠른 선수에 속한다.

예를 들면, 100미터 달리기 시합에서 A 선수는 40m 만에 최고 속력에 도달한다고 가정하고 B 선수는 60m 지점에서 최고 속력에 도달한다면 초반에는 A 선수가 더 빠른 것처럼 느껴질 것이다.

하지만 A 선수는 40m 이후부터 100m 지점에 이르기까지 속도가 점차 줄 것이고 B 선수는 60m 지점까지 탄력을 더 받은 후에야 속도가 떨어질 것이다. 그렇기 때문에 100미터 지점에 가까워지면 가까워질수록 B 선수와 A 선수의 격차가 벌어지면서 B 선수가 이길 것이다. 이 때문에 대부분의 100m 달리기는 극초반에는 비슷한 속도를 유지하더라도 후반부로 가면서 거리의 차이가 명확하게 드러나게 된다.

이처럼 100m 달리기를 한 시즌이라고 계산하면, 동계를 통해 급격하게 몸을 빠르게 올린다고 가정할 때, 시즌 초반에는 선수들의 컨디션이 좋을지 몰라도 후반부로 가면서 다른 팀에 비해 급격하게 체력이 저하될 가능성도 높다. 그래서 피지컬 코치들은 팀의 최고 좋은 퍼포먼스를 언제쯤 계획할지에 따라 훈련의 양과 강도를 달리 짜야 한다.

그렇다고 모든 팀들이 중·후반부에 최고의 퍼포먼스를 계획해야 된다는 것은 아니다. 먼저 우리 팀의 성향에 대한 분석도 필요하다. 예를 들면, 나는 새로운 팀을 갔을 때 그 전 피지컬 코치의 특성 및 훈련량에 대해 파악한 후 팀의 작년 성적 또 해당 연도의 리그 대비 우리 팀의 퀄리티에 대한 파악을 마친다. 만약 우리 팀이 다른 팀에 비해 기술적으로 부족하다는 생각이 든다면 다소 이른 시기에 컨디션 최상을 계산한다. 왜냐하면 초반의 성적을 통해 다소 기술이 부족하지만 체력적으로 우위를 보이면서 초반 5경기의 기세를 통해 선수들과 팀의 자신감을 상승시킬 수 있기 때문이다. 다른 팀들과 같은 주기에 맞추다 보면 가뜩이나 기술도 부족한 상황에서 초반 성적까지 좋지 못해 자칫 자신감까지 잃어 걷잡을 수 없는 상황이 될 수도 있다. 그렇기 때문에 최대한 빠른 시일에 컨디션을 최상으로 올려 놓고 그것을 최대한 잘 유지할 수 있도록 설계한다.

이때, 당연히 서서히 올리는 것보다 리스크는 존재한다. 부상의 위험 가능성이 커지거나 및 팀 선수 구성원이 얇아 로테이션을 돌릴 자원이 전혀 없어 일찍이 과부하가 올 수 있다.

아울러 팀의 특성도 고려해야 할 사항 중 하나이다. 팀 성향 자체가 강하고 힘든 상황에 대한 극복이 익숙하다면 높은 강도의 훈련에 이미 많은 노출이 되어 있기 때문에 높은 부하를 주어도 쉽게 부상으로 이어지지 않는다. 하지만 기본적으로 낮은 강도를 유지하던 팀에서 기준치를 높여 강하게 한다면 오히려 악영향을 미칠 것이다. 해외 팀에서 일을 한다면 인종 및 기후에 대해서도 고려해야 할 것이다. 날씨가 더운 나라에서 추운 나라와 같은 강도의 훈련을 할 순 없을 것이고, 추운 나라에서 더운 나라와 같은 형태의 워밍업을 진행할 수 없을 것이다.

한국은 단일 인종 국가이기에 인종에 대한 차별화는 필요 없지만 사계절이 뚜렷하게 존재하기 때문에 여러 기후에 따라 대응해야 하는 변수는 고려해야 할 사항 중 하나이다. 시기에 따라 지속적인 대응과 변화가 필요한 국가이다.

피지컬 코치에게 한국 선수는
매우 훌륭한 훈련 대상

개인적으로 피지컬 코치로서 한국인 선수만큼 훈련시키기 편한 선수들은 없을 것이다. 한국의 정서상 운동선수들은 강도 높은 훈련에도 100이면 100 일단 따르는 성향이 강하기 때문이다. '나이'가 우선하는 문화도 한몫한다. 대부분의 지도자들은 선수들보다 연장자이므로 어른이 시키면 한다는 한국의 문화가 그대로 작용한다. 그뿐만 아니라 한국인의 민족성은 정신력이 강하다. 역사적으로도 많은 전쟁과 외침을 받으며 극복하고 이겨내는 DNA가 존재한다고 생각한다. 그렇기 때문에 훈련에서는 육체를 지배하는 중추신경계인 뇌 즉, 정신 강화가 중요한데, 한국인은 이걸 타고났다고 생각한다.

대표적 사례로 포항 스틸러스에 고영준 선수가 있다. 무슨 운동이든 불평불만 하지 않고 준비한다. 한 날은 고영준 선수에게 "영준아, 너는 항상 열심히 하더라" 하고 말하니 나에게 돌아온 답변은 "코치님, 저는 정신이 육체를 지배해요"였다. 고영준 선수는 농담으로 한 소리일지도 모르지만, 나는 이 답변이야말로 한국 축구가 축구 강국인 독일, 포르투갈 등을 이길 수 있는 비결이라고 생각한다.

하지만 외국인들은 다르다. 한국인에 비해 자유롭고 근성이 부족하다고 생각한다. 지도자와 선수가 수직 관계보단 수평 관계에 가깝다. 그만큼 까다롭고 소통과 믿음을 쌓기까지 시간이 필요하다.

선수들의 심리와
체력 계획까지 계산한다

　피지컬 코치들은 이처럼 단순히 체력적인 부분뿐만 아니라 체력에 대한 심리와 계획까지도 계산하는 것이 좋다. 나도 항상 시즌을 시작하기 전에 내가 구성한 전체적인 연간 계획 로드맵을 코칭 스태프 및 선수들에게 공유하고 교육한다. 내가 생각하는 시기별 운동 목적과 그로 인한 기대 효과 등을 설명한다. 내가 생각하는 계획을 전달하면 선수들도 그에 맞게 본인들의 몸을 준비하고, 또 내가 하는 프로그램에 대해 믿음과 신뢰를 보내며 더 좋은 효과를 보이기도 한다.

　선수들은 인체의 시스템에 대해 체계적으로 알고 있지 못하다. 다만 각자 나름의 방식이 존재할 뿐이다. 나는 그들의 방식을 기본적으로는 존중하지만, 100% 수용하지는 않는다. 대개 선수들은 지금 당장의 컨디션으로 모든 것을 판단할 때가 있기 때문이다. 하지만 선수들이 원하는 최상의 컨디션 날짜가 토요일이라고 하면 화요일, 수요일에는 몸이 다소 무겁고 컨디션이 안 좋게 느껴지더라도 이것이 토요일의 컨디션을 좋게 만드는 과정일 수 있으므로 당장 그날의 컨디션으로 본인의 신체 리듬을 판단해서는 안 된다.

　특히 동계 훈련 시기에는 몸이 좋을 수가 없다. 인간은 강한 훈련을 할수록 염증이라는 반응을 일으킨다. 몸에 쌓이는 수많은 피로 물질과 호르몬 작용이 선수들의 컨디션을 저하시킨다. 그렇다면 염증은 우리 몸에 필요 없는 것일까? 오히려 염증은 우리 인체에 이로운 작용이다. 이러한 염증 반응이 우리의 신체를 더 강하게 만든다.

올바른 피지컬 코치의 회복 처방

경기 후 크리오 테라피라는 회복 전략이 있다. 아직까지 근거가 명확하진 않지만 많은 프로 팀에서 활용 중이다. 또는 냉탕욕을 통해 회복을 촉진시키는 방법이 있다. 이 두 가지 전략은 염증 반응을 억제시킴으로써 피로도를 감소시킨다. 하지만 나는 동계 훈련 기간 동안 가급적이면 타박으로 인한 부상이 아니라면 아이싱(국소 부위에 얼음을 대는 응급 치료 방법), 냉욕 또는 크리오를 권장하지 않는다. 앞에서도 말했듯이 염증은 우리 몸을 강하게 한다. 하지만 이런 염증을 지속적으로 억제시킨다면 인체가 더 강해질 기회를 방해하는 꼴이다. 그렇기 때문에 동계 기간 중에는 수소 이온으로 인해 몸이 무겁고 피곤하고 아픈 근육통을 즐기라고 한다. 적응해야 우리 몸은 내성으로 인해 강해질 것이다. 현대 사회에는 많은 지식들이 넘쳐난다. 인터넷을 통해 찾아보면 누구나 정보를 접할 수 있다. 하지만 많은 지식을 활용하여 어떻게 처방하는지는 오로지 전문가만이 할 수 있다.

이 밖에도 선수들은 소셜 미디어를 통해 다양한 훈련법을 알 수 있다. 하지만 그 훈련이 본인한테 좋은 훈련일지 아닌지 혹은 지금 시기에 적절한지 아닌지는 전문가의 손길이 필요하다. 그래서 피지컬 코치는 선수 개개인의 분석도 필요하다. 선수들이 경기 혹은 경기 형태의 훈련을 할 때 피지컬 코치들은 경기를 아무 생각 없이 관전하고 있으면 안 된다. 선수들의 컨디션과 움직임의 장단점을 분석하고 있어야 한다. 분석한 내용을 토대로 선수들과 대화하고 그에 맞는 훈련을 처방해야 한다. 또다시 다음 경기 때 처방에 대한 액션이 개선되었는지 분석해야 한다. 경기장에서만 보는 것이 아니라 경기가 끝나고 영상을 통해서도 개개인의 액션을 확인해야 한다. 감독, 전술 코치, 경기 분석관들과는 보는 관점이 달라야 한다.

이케다 세이고 코치에게서 배우다

계획은 계획일 뿐이다. 현 울산현대 피지컬 코치인 '이케다 세이고' 코치가 했던 말이 기억에 남는다. 그는 "누구나 시즌에 대해 계획을 짜지만 시즌 중에 계획을 똑같이 진행하는 지도자를 본 적이 없다"고 말했다. 세이고 코치는 정말 한국에서 활동하는 코치 가운데 매우 귀감이 될 만한 훌륭한 사례라고 생각한다.

그는 피지컬 코치이자 수석코치이다. 한국과의 인연은 2007년 황선홍 감독이 부산아이파크 감독직에 부임했을 때 시작되었다. 세이고 코치는 4개월 동안 시즌을 준비했고, 그 뒤로 2009년 홍명보 감독이 U-20 대표팀 감독직에 부임해서 U-20 월드컵을 준비하는 과정에 합류하게 되었다. 그리고 현재는 2022년부터 홍명보 감독과 함께 피지컬 코치이자 수석코치로 울산현대 시즌을 진행하면서 2022년도 K리그1 우승을 차지하며 2023년에도 좋은 성적을 유지하고 있다. 한국인 피지컬 코치들이라면 세이고 코치가 지나온 역사를 배울 필요가 있다고 생각한다.

세이고 코치 말대로 무수히 많은 변수가 존재하기 때문에 계획을 똑같이 진행하기는 어렵다. 계획대로 완벽하게 준비해도 될까 말까 싶은 것이 축구이다. 그렇기 때문에 지도자가 필요하다. 원하는 대로 통제된다면 피지컬 코치가 무슨 필요가 있겠는가? 축구는 무수히 많은 변수가 있기 때문에 다양한 지식과 경험이 필요하다. 내가 경험이 부족하다면 다른 지도자들의 경험을 빌릴 필요도 있다. 나의 철학과 시즌 계획 속에서 다른 코칭스태프와 상의를 통해 최선의 방향을 선택하여 대처하며 극복해야 한다.

100분 축구 시대

2022년 카타르 월드컵에서부터 크게 바뀐 것이 하나 있다면 바로 추가 시간이다. 1쿼터당 적게는 5분 많게는 10분 이상 주기도 한다. 이로 인한 영향으로 2023시즌부터 K리그도 플레잉 타임을 늘리기 위해 추가 시간이 늘고 있다. 적어도 한 경기당 5~15분은 더 뛴다. 한마디로 축구는 항상 90분 경기라는 편견이 이제는 사라진 것이다. 축구는 이제 100분 이상을 준비해야 한다.

카타르 월드컵 이후 똑똑한 코치들이 재빠르게 나에게 연락을 해왔다. 축구가 이제 100분 시대인데 그럼 훈련에 체력적인 요소가 더 필요하지 않을까 하는 질문들을 해왔다. 축구는 간헐적 유산소성 스포츠이다. 간혹 많은 축구선수들이 파워 액션을 많이 사용하는 포지션인 중앙 수비 혹은 중앙 공격수이기 때문에 유산소성 훈련을 등한시하는 경우가 있다. 물론 능력 상황 및 위기 대처 능력에서 요구되는 동작 자체는 무산소성 에너지를 더 요구하기 때문에 틀린 말은 아니지만, 애초에 축구는 유산소 능력을 기본적으로 깔고 들어가야 하는 스포츠이다.

과학적으로도 유산소 능력이 좋을수록 축구에서 나오는 파워 능력도 같이 향상된다는 연구도 꽤나 많다. 그렇기 때문에 경기 시간이 더 길어졌다는 것은 유산소 능력을 더 많이 필요로 하게 되었다는 의미이다. 그래서 많은 지도자들은 나에게 "그럼 손 코치, 시간이 길어졌으니 훈련 시간도 길어 져야 하지 않을까? 원래 평균 90분씩 하던 훈련을 100분 이상 해야 선수들이 거기에 맞게 적응하지 않을까?"와 같은 단순한 생각으로 질문을 한다. 정답은 '아니다'이다. 피로도와 부상 가능성만 쌓을 뿐이지 유산소 능력의 향상에는 비효율적일 것이다.

프리 시즌이 8주인 이유

왜 대부분의 프리 시즌이 8주로 진행되는지 생각해본 적이 있는가? 프리 시즌을 4주만 할 수도 있고 아니면 12주 동안 할 수도 있을 것이다. 하지만 왜 대부분의 팀들이 8주만 할까? 지금 이 책을 읽고 있는, 피지컬 코치를 준비하고 있는 당신 혹은 선수 혹은 필드, 골키퍼 지도자 또는 감독님은 이유를 알고 있는지 물어보고 싶다. 대부분의 지도자들은 내가 선수 때 그만큼 했을 때 몸이 만들어지더라, 혹은 다른 팀들이 이 정도로 하니까 몸이 좋아진다고 들었다와 같이 '~하더라', '~했더라' 로 많이들 답할 것이다.

하지만 알게 모르게 다들 과학 속에서 계획을 진행해왔다. 앞서 언급했듯이 축구는 간헐적 유산소성 스포츠이다. 그렇다면 체력적인 요소 중 프리 시즌 동안 가장 효과적으로 향상해야 하는 능력은 바로 유산소 능력이다. 유산소 능력을 가장 효과적으로 늘릴 수 있는 기간이 바로 8주이다. 과거부터 과학은 많은 실험을 해왔다. 4주 유산소 운동 시 유산소 향상도, 5주 유산소 운동 시 유산소 향상도, 6주, 7주, 8주 또는 10주, 더 길게는 12주 이상도 해봤을 것이다. 그에 대한 결과가 8주의 기간이 운동에 숙달된 선수들의 유산소 기능을 가장 효과적으로(20% 내외) 향상시킬 수 있기 때문이다.

하지만 이제는 더 체계적으로 100분에 대한 동계 훈련의 처방이 필요할 것이다. 시간이 늘었으면 체력에 대한 비중이 커질 수밖에 없다. 그래야 이길 수 있는 확률이 늘어날 것이다. 이미 유럽에서는 '티키타카의 시대는 끝났다'는 이야기가 많다. 이제는 더 빠르게 반응하고 강하게 압박하며 부딪히는 축구가 시작된다. 이런 시대적 변화에 피지컬 코치는 중추적인 역할을 할 수밖에 없다.

우리나라 피지컬 코치의
현재와 미래, 그리고 나의 '다음'

올바른 성장

21세기에 들어서면서 우리의 삶뿐만 아니라 축구계에도 많은 변화를 가져왔다. 축구 과학을 받아들이지 못하면 이제는 도태된 지도자라 할 수밖에 없다. 수많은 정보와 데이터를 활용하며 지도자들은 선수들에게 보다 좋은 훈련 및 처방을 내리고 있다. 그로 인해 선수들은 경기장에서 보다 좋은 퍼포먼스를 보이고 팬들도 만족하는 경기를 보며 축구 산업 자체가 향상되고 있다. 그뿐만 아니라, 선수 수명도 늘어나고 있다. 평균적으로 30대 초반이면 은퇴를 고민하던 선수들이 30대 중후반까지 선수 생활을 계획하고 있다. 무식하게 훈련하던 과거 한국 축구가 아닌, 체계적인 관리 속에 선수 생활을 이어간 결과이다. 이 속에 피지컬 코치들의 역할이 크다.

많은 피지컬 코치들은 선수들이 부상을 당하지 않고 한 시즌을 잘 보내기 위해 올바른 훈련 부하와 관리에 힘을 썼다. 선수들 본인들도 해외의 많은 미디어 영상을 통해 수준 높은 훈련을 보고 체계적인 관리를 받고 있는 세계적인 선수들을 볼 수 있다. 나는 이 부분에서 언젠간 한국 선수들이 한계에 부딪힐 거라고 생각한다.

선수의 정점은 어디라고 생각되는가? 누구나 원할 것이다. 세계적인 무대인 프리미어리그와 프리메라리가, 그리고 분데스리가를 말이다. 세계적인 선수들의 훈련은 이미 정점에 있는 선수들이기에 좋은 퍼포먼스를 잘 보이기 위한 '유지'의 목적이다. 하지만 K리그 선수들과 국내 선수들은 그저 프리미어리그에서 하는 훈련이 좋은 훈련인 것마냥 착각을 한다. 그들과 같은 형태와 방법으로 '유지'가 목적이 되는 훈련을 한다면 과연 우리는 '향상'하여 그들을 뛰어넘을 수 있을까?

나는 프로 팀 코치로 일하면서 승리를 위해 선수들에게 경기 중 더 많은 활동량과 움직임을 요구한다. 더 뛰고 더 좋은 움직임을 보이려면 당연히 더 힘들다. 선수들은 K리그에서 이 정도면 상위권이라고 표현한다. 그럼 나는 유럽과 비교를 한다. 그럼 선수들은 "코치님, 유럽 선수들이니까 저렇게 많이 뛰죠"라고 한다. 그럼 나는 "그럼 우리는 유럽 선수들보다 경기 중에 덜 뛰니까 유럽 선수들은 48시간 쉬고 우리는 36시간만 쉬면 되겠네?"라고 반문한다.

간단한 예시로 유럽 피지컬 요구 데이터와 포항 스틸러스 데이터를 비교해보자. 프리미어리그에서 윙어 선수들이 평균적으로 경기당 나오는 스프린트 횟수는 30~40회이다. 포항 스틸러스에서 가장 많은 스프린트를 보이는 선수는 2023시즌 주장 김승대 선수이다. 한 경기 20회 초반이다. GPS 장비에 따른 오차가 어느 정도 있겠지만 확연한 차이를 보이고 있다. 그렇다면 김승대 선수에게 프리미어 선수들과 같은 회복 시간을 주는 것이 마땅한가?

유럽 무대에서 뛰고 싶으면서 그들보다 덜하고 더 쉬고 싶어하는 것은 말도 안 되는 심보이다. 어쩔 수 없다. 선수가 아니라도 인간은 보편적으로 편한 것을 찾고 안주하는 동물이다. 누군가 이끌어 주지 않으면 한순간에 나태해진다.

나는 우리나라의 축구가 단순히 유럽의 것이 좋아 보여 따라 하는 것이 아닌, 그들을 뛰어넘을 수 있는 노력과 방법을 요구하고 싶다. 우리나라가 한국 전쟁 이후 고도의 경제성장을 이룬 것과 같이 말이다.

세계적인 한국 축구 지도자를 기다리며

대한민국 축구는 2002년 4강 신화 이후 꾸준히 월드컵에 진출하고 있는 성장을 보이고 있다. 국가적인 차원 외에도 이제 대한민국 국적을 가진 축구선수들은 세계적으로 인정받는 시대가 왔다. 잉글랜드 프리미어리그 득점왕을 차지한 토트넘의 손흥민 선수, 스페인 프리메라리가에서 꾸준히 좋은 모습을 보이다가 최근 PSG로 이적한 이강인 선수, 이탈리아 세리에 A 나폴리에서 활약하다가 독일 바이에른 뮌헨으로 이적한 김민재 선수 외에도 이미 한국 선수들은 고액의 연봉을 받으며 여러 국가에서 그 실력을 증명해 보이고 있다.

이는 2002년 이후에 대한축구협회가 노력한 성과라고 볼 수 있다. 지금도 좋은 선수들을 육성하기 위한 '골든 에이지'라는 프로그램을 도입했다. 유소년 축구선수 육성 과정 중 가장 중요한 시기에 기술, 체력, 심리에 향상 적합한 교육을 협회 자체적으로 관리하고 훈련하며 유소년 선수들의 성장을 목표로 하고 있다. 이 밖에도 K리그에서 U-22 제도를 만들어 젊은 선수 육성을 위해 만 22세 이하의 선수들에게 많은 출전 기회를 줌으로써 좋은 선수 발굴목적의 모습을 보이고 있다. 이러한 정책과 제도의 긍정적인 결과가 2019년 정정용 감독님의 U-20 월드컵 준우승과 2023년 김은중 감독님의 U-20 월드컵 4강 진출이지 않을까 생각한다.

하지만 이러한 과정과 결과 속에서도 대한민국의 축구가 발전했다고 할 수 있을까? 나는 개인적으로 대한민국의 선수가 발전했다고 생각한다. 21세기 이후 대한민국은 6회의 월드컵 본선에 진출하였다. 그중 조별 리그를 통과한 적은 3번. 그 3번 중에서도 2번은 외국인 지도자로 성과를 이뤘다. 대한축구협회도 축구에 관심이 있는 국민들조차 한국인 지도자보다는 외국인 지도자를 선호하는 것이 현실이다. 더 좋은 성과를 냈고 더 많은 경험을 했다는 믿음이 있기 때문이다. 이제는 대부분의 대표팀 선수들도 K리그 선수보다 해외파 선수의 비중이 더 크다. 해외파 선수들을 관리하기에는 국내 감독의 능력으로는 부족하다는 평가가 많다. 단순히 해외파 감독을 선임하여 한국 대표팀을 이끌다 보면 한국인 선수들은 점차적으로 한국 지도자들에 대한 신뢰를 잃을 것이다.

이런 악순환의 굴레에 벗어나기 위해서 좋은 지도자를 육성하기 위한 발전된 제도도 나름 필요하다고 생각한다. 뿐만 아니라 생각보다 한국인들은 축구 지도자가 되는 것을 꺼리는 모습을 많이 볼 수 있다. 복지와 문화 때문이다. 승리지상주의인 대한민국 스포츠계에서 직업으로서의 지도자는 가장 위태로운 직업 중 하나로 볼 수 있다. 세계적인 한국 축구선수들은 발굴되고 있지만, 세계적인 한국 축구 지도자는 과연 언제쯤 빛을 발할 수 있을까 하는 의문과, 언젠가는 빛을 발했으면 하는 희망이 있다.

선수와 함께 성장하는 지도자

좋은 지도자의 개념을 명확하게 정의하기는 어렵다. 하지만 좋은 지도자는 팔방미인이어야 한다. 축구에 대한 지식과 경험, 선수단을 이끌 경영 능력, 선수와 지도자 간의 관계에 대한 처세술, 구단과 팬들과의 소통 능력 등 수많은 능력을 요구한다. 국내 지도자가 해외 팀의 지도자가 되기 위해서는 언어의 장벽도 이겨내야 한다. 문화를 이해하는 능력도 필요하다.

그뿐만 아니라 스페인에서 선수 생활 중 경험과 지도자 교육을 들으면서 한 가지 확실하게 느낀 것이 있다. 인종에 대한 한계이다. 그들은 축구에 있어서는 아시아인이 스페인인보다 능력이 뛰어나다는 것을 인정하지 않는다. 축구는 본인이 강국이라고 생각한다는 것이다. 하지만 시대는 항상 변하기 나름이다. 대한민국 축구의 발전을 하기 위해서는 한국 축구 수준을 향상시켜야 한다. 단순히 선수만을 향상시키는 것이 아닌 지도자도 같이 향상되어야 한다.

손흥민, 이강인, 이승우, 백승호 선수와 같이 어린 시절부터 해외에서 축구를 배우는 선수들은 극소수이다. 대부분의 선수들은 한국에서 한국인 지도자에게 축구를 배울 것이다. 그렇다면 좋은 한국인 선수를 키워낼 수 있는 가장 빠른 길은 무엇일까? 지도자의 평균 수준을 높이는 것이라고 생각한다. 선수 5명을 육성하기 위해 선수를 해외로 보내 성장하는 것보다 지도자 5명을 육성하기 위해 유럽을 보내 성장시키는 것이 훨씬 효율적이라고 생각한다. 단순히 선수 5명이 성장해 경기에 보여주는 것은 일시적일 것이지만 지도자 5명이 성장해 한국에서 좋은 교육을 한다며 그 지도자 1명에게 배운 선수가 10명만 잡아도 50명의 좋은 선수가 육성될 가능성이 높을 것이다. 단순히 확률적으로 이러한 생각이 든다.

왜 대부분의 학부모들은 대치동에서 자녀들의 교육을 시키려고 하는 것일까? 답은 간단하다. 좋은 선생님들이 많기 때문이다. 좋은 교육자 밑에서 배우면 당연히 성적으로 성과가 나오는 것이 이치이다. 그래서 좋은 지도자들이 많아진다면 좋은 선수들이 많아진다는 것은 당연한 이치이다. 그렇게 좋은 지도자들을 육성하면 축구 인프라가 적은 대한민국에서도 세계적인 경쟁력을 입증할 수 있을 것이다.

"자네가 지금 당장의 커리어보다
내실을 더 다졌으면 좋겠네"

대표팀에 있을 때의 일로, 아랍에미리트 출국 전 파주 축구 트레이닝 센터에서 합숙 중이던 어느 날이었다. 저녁 휴식 시간에 명재용 수석 코치님께서 내 방에 찾아오셨다. 그러고는 나에게 이런 말씀을 하셨다. '손 선생, 자네가 아직 젊고 충분한 능력과 도전 정신이 있기 때문에 조언 아닌 조언을 해주고 싶어서 방을 찾아왔네. 나는 이미 대표팀과 국내의 좋은 프로 팀, 그리고 해외의 좋은 구단에서 일을 해보면서 느낀 부분이 있다네. 자네는 아직 젊고 시간이 많으니 지금 당장의 좋은 커리어보다는 더 높이 올라갈 수 있는 내실을 더 다졌으면 좋겠네'라며 진심 어린 조언을 해주셨다.

싱가포르의 대표적인 팀 '라이언 시티'에 있을 때 명재용 코치는 전 라이언 시티 감독인 김도훈 감독과 좋은 피지컬 코치를 뽑기 위해 수많은 이력서를 받았다고 한다. 다양한 국적, 다양한 경험, 다양한 환경에서의 피지컬 코치를 봤다. 애국심을 위해 한국인 피지컬 코치와 동행할까 고민도 했지만, 결국 국내의 학력과 경험보다는 해외의 학력과 현장의 경험을 많이 가진 좋은 대학교 출신에 좋은 해외팀의 경험 있는 외국인을 선호하게 되었다고 한다.

이게 한국인 피지컬 코치의 현실이라고 나는 생각한다. 아시아에서 K리그는 높은 수준이라고 할 수 있다. 하지만 한국인 피지컬 코치의 수준은 개인적으로는 아직 도입의 시기라고 생각한다. 감독이 100% 믿고 활용하기에는 한계가 있다고 본다. 해외의 대다수 팀은 훈련 중 피지컬 코치가 왕과 같다. 피지컬 코치가 실시간으로 외적 부하를 관리하기 때문에 정적 수치를 넘기면 훈련을 중단시키기도 한다.

해외는 많은 데이터들이 축적되어 있다. 이론과 현장의 괴리감이 없다. 하지만 한국에서 대부분 스포츠 과학 자료를 찾고 현장에 적용시키려고 한다면 해외 자료를 찾아 공부해서 적용해야 한다.

하지만 한국인은 한국인만의 특성이 존재한다고 생각한다. 해외의 연구 결과를 한국에 들고 와서 한국인에게 그대로 적용시킨다고 같은 결괏값이 나온다는 보장이 없다. 그렇기 때문에 같은 연구라도 한국인을 대상으로 진행한 연구가 필요하고, 같은 훈련이라도 한국인을 대상으로 훈련했을 때의 결과가 필요하다. 한국의 스포츠 과학이 발전하고 피트니스 분야가 성장하기 위해서는 한국인만의 특성을 살리는 '무언가'를 찾아내야 한다. 하지만 이것은 하루아침에 발견할 수 없고, 이루어지지 않는다. 시간이 필요하다.

역사의 시작이 되고 싶다
나의 다음 행선지는...

요즘 들어 주변 지인들을 만났을 때 혹은 SNS를 통해 나에게 가장 많이 하는 질문이 있다. '이제 다음 행선지는 어디예요?'라고 묻는다.

사실 축구라는 분야에서 꿈의 무대라고 할 수 있는 곳은 딱 2곳이 있다. 축구 프로리그와 축구 월드컵이다. 나는 20대에 축구 프로리그라는 무대로 진출했다. 사실 행운에 가깝다고 생각한다. 아직 대한민국의 피지컬 코치 분야는 도입기이다. 도입 과정 속에 시의적절하게 내가 진출했을 뿐이다. 선수 생활을 하면서 준비했던 것이 시기적으로 일치했을 뿐이다.

하지만 아직까지는 국내에서 피지컬 코치라는 직종이 생소하고 입지가 작다. 현장에서도 주변 피지컬 코치님들의 말을 들으면 "막내 코치인지 피지컬 코치인지 모르겠어요"라는 말을 듣는다. 즉, 막내 코치라는 개념에 더 가깝다는 이야기이다.

아직 도입이기에 나이 문화가 있는 한국에서는 피지컬 코치들의 나이가 어리기에 '막내' 혹은 '어린' 코치라는 이미지가 크다. 하지만 반대로 생각해보면 앞으로 미래도 밝다고 해석할 수 있다. 해외의 좋은 사례들을 한국화시켜 활용할 수 있는 것들이 무수히 많고 어린 나이부터 경험을 하다 보면 훨씬 더 성장할 수 있는 기회가 있다는 의미이다.

브라질의 피지컬 코치 역사를 다시 한번 말하면 1969년 11월 정식 등록된 피지컬 코치를 시작으로 제도화되었다. 대한민국은 2021년 처음으로 대한축구협회에서 AFC Fitness 라이센스를 제도화했다. 50년이 넘는 차이를 보이고 있다. 한마디로 한국인 피지컬 코치가 현재의 브라질 피지컬 코치 또는 유럽의 좋은 피지컬 코치와 같은 인지도를 보이기 위해서는 50년의 역사가 필요하다고 할 수 있다.

그래서 나는 그 역사의 시작이 되고 싶다. 물론 나도 축구선수로 따지면 차범근 선수와 같은 그런 피지컬 코치가 되고 싶다. 1980년대 대한민국 선수가 유럽 무대에 진출해 엄청난 활약을 할 줄 알았겠는가? 대한민국의 존재조차 몰랐던, 대한민국 선수를 저평가했던 유럽에서 혜성처럼 등장한 차범근 감독과 같은 돌연변이가 되고 싶다는 꿈이 있기도 하다. 내가 전 세계적으로 유능한 지도자 또는 피지컬 코치가 된다면 개인적인 더할 나위 없이 좋을 것이다.

하지만 인간은 실패와 도전을 반복하고 역사와 경험치를 축적하며 성장한다. 나는 그를 위한 밑바탕이 되고 싶다.

과거, 부산에서 서울을 가기 위해서 어떻게 갔을까? 지금이야 지도가 있기 때문에 찾아갈 수 있다. 하지만 지도가 존재하기 전에는 어떤 누군가가 이곳저곳을 누비며 부산에서 서울을 가는 길을 찾아냈을 것이다. 때로는 충청남도 천안에 도착해서 서울로 착각했을 수도 있고, 때로는 전라도 광주에 도착했을 수도 있다. 또는 저 먼 함경북도 나선이 서울인 줄 알고 다시 먼 길을 돌아왔을 것이다. 이러한 경험을 통해 어떤 길이 빠른 길이고 어떤 길이 편한 길인지 많은 이들이 알 수 있게 되었다. 또 어떤 길은 맹수가 나타나 위험할 수 있다. 이런 과정을 기록하면서 지도가 만들어진다. 나는 이런 지도를 만드는 이가 되고 싶다.

한국의 피지컬 코치 문화는 이제 시작이다. 그렇기 때문에 내가 정말 많은 경험을 하고 그것을 공유하고 싶다. 단지 프로 팀에서만 일을 해보고 싶지 않다. 다양한 연령을 지도해보고 싶고, 다양한 인종을 지도해보고 싶으며, 남성 팀과 여성 팀을 다 경험해보고 싶다. 현장뿐만 아니라 학업에서도 많은 경험을 해보고 싶다. 아는 만큼 보인다고, 학문에도 뜻을 가지고 싶고 현장에 도움 되는 많은 연구를 진행하고 싶다. 내가 더 높은 수준을 배우고 경험해야 더 좋은 지도를 그릴 수 있을 것이다.

좋은 지도를 그리는 밑거름이 되고 싶다. 내가 지도를 그리며 밑거름이 된다면, 누군가는 그 지도를 통해 내비게이션을 개발할 것이다. 그다음은 내비게이션을 통해 가장 빠르게 부산에서 서울로 도착할 것이다. 그런 시기를 걷다 보면 언젠간 꼭 내가 아니더라도 자랑스러운 한국인이자 전 세계 최고의 피트니스 코치가 탄생할 것이다.

부록1

✳

김기동 감독님과의
대화

김기동 감독님과의 대화

Q1. 감독님, 한국 축구에서 체력이 중요할까요?

나는 개인적으로 한국 축구뿐만 아니라 축구라는 종목 자체가 체력이 매우 중요하다 생각해. 나도 선수들에게 축구에서 기술, 멘탈, 체력 골고루 강조하지만 그중에서도 체력을 가장 많이 강조하거든. 기본적으로 기술이 아무리 좋아도 체력이 안 되면 프로리그에서 살아남지 못해. 정신력도 마찬가지야. 아무리 경기에 뛰고 싶은 의지가 있고 내가 동기부여를 해준다고 해도 몸이 안 되는데 어떻게 좋은 모습을 보여주겠어. 그러니까 나는 결과적으로 몸이 만들어져 있어야 축구를 할 수 있다고 봐. 그래서 나는 모든 훈련이 체력 중심으로 이루어져. 좋은 컨디션이어야 가진 것들을 많이 보여 줄 수 있겠지. 메시처럼 혼자 다 할 수 있는 게 아닌 이상 팀으로 축구 경기를 하려면 체력이 좋아야 해. 그렇기 때문에 나는 축구에서 체력의 비중은 매우 높다고 봐.

Q2. 감독님, K리그에서 유일하게 피지컬 코치를 2명 활용하는 이유가 있을까요?

첫 번째는 아까도 말했듯이 나는 축구에서 체력이 매우 중요하다고 생각해. 그래도 두 가지 이유를 더 들자면 하나는 우리 팀 여건과 환경상 어린 선수들에 대한 육성도 중요한 요소거든. 어린 선수들의 성장을 위해서는 전문적인 피지컬 코치의 지도하에 체력 관리하고 기능을 향상시키는 것이 매우 중요하다고 생각해. 그리고 다른 하나는 2군 선수들의 체력 유지가 정말 중요하다고 생각하거든. 다른 팀을 보면 피지컬 코치 1명으로는 선수단 전체 관리를 못한다고 봐. 그래서 거의 경기를 뛰는 선수들 중심으로 관리하거든. 이때문에 나는 효율적인 선수단 관리를 위해서 피지컬 코치들을 활용하고 있지.

Q3. 감독님, 포항은 지금까지 외국인 피지컬 코치를 고용했는데 그럼 한국인 피지컬 코치와 외국인 피지컬 코치의 차이점이 있을까요?

한국인 피지컬 코치들의 경우, 라이센스가 제도화되고 피지컬 코치 문화가 도입된 지 얼마 안 됐어. 그래서 한국인 피지컬 코치들을 처음에 생각했는데 할 수 있는 지도자가 몇 없었지. 따라서 이미 경험이 있는 유럽의 피지컬 코치들을 찾았지. 유럽의 피지컬 코치들과 일을 하고 싶어서 알아봤었는데 또 한국엔 안 오더라고. 그래서 남미로 알아봤고 브라질 피지컬 코치들과 지금까지 일을 한 거지. 그렇기 때문에 외국인 피지컬 코치들과 한국인 피지컬 코치의 차이가 있어서이기보다는 내가 선택할 수 있는 최선이었다고 보면 돼. 그래서 지금은 한국인 피지컬 코치와 브라질 피지컬 코치를 둘 다 활용하며 외국인의 좋은 경험과 한국의 정서를 이해하는 한국인 피지컬 코치가 서로 공유하며 좋은 시너지 효과를 보고 있다고 생각해.

Q4. 그럼 한국인 피지컬 코치의 방향성과 미래에 대해 어떻게 생각하시나요?

능력 있는 한국인 피지컬 코치도 앞으로 많이 나올 거라고 생각해. 근데 참 어려운 문제라고 생각하는데, 피지컬 코치들의 미래를…. 피지컬 코치가 능력이 좋아진다고 미래가 생기는 것은 아닌 것 같아. 어찌 됐건 코치는 감독을 보좌하는 역할이잖아? 그렇기 때문에 감독의 영향이 난 클 거라고 봐. 피지컬 코치가 아무리 유능하더라도 감독이 어떻게 활용하는가에 따라 달라진다는 거지. 감독과 코치는 아직까지는 수직적인 관계이기 때문에 감독이 원하는 방향으로 팀을 끌고 가는 것이 지금의 현실이야. 그래서 만약 감독이 아무리 좋은 피지컬 코치를 데려와도 스트레칭만 시킨다면 의미 없는 거잖아? 그렇기 때문에 감독들이 믿고 맡기는 시기가 와야 함께 발전할 수 있다고 생각해.

Q5. 그럼 감독님은 피지컬 코치들과 의견이 다를 시, 어떻게 해결
   하시는 편이세요?

포항에 있으면서 주닝요 피지컬 코치와 가장 일을 많이 했지. 비율
로 따지면 나는 선수들의 심리, 팀 분위기 및 환경 등 현장감을 많
이 살리기 위해 경험 70% 이론 30%로 접근하거든. 가끔은 현장에
서 보면 이론이 다 맞지 않을 때도 있거든. 근데 주닝요 코치는 이
론 90% 현장 10%로 접근하기 때문에 의견 차이가 자주 있었어. 그
래도 결과적으로 누군가 한 명은 먼저 양보를 해야 되거든. 그래서
내가 먼저 상대 의견을 존중하고 현장에 적용을 시켜. 그렇게 해보
고 안되는 부분이 있으면 내 의견도 조금 넣어서 수정을 해보는 편
이야. 예를 들면 SSG(Small Side Game)훈련을 하는데 나는 전환 상
황을 중요하게 생각해서 경기장 크기를 작게 하거든. 근데 피치 크
기를 크게 했을 때와 작게 했을 때 쓰이는 근육이 다르다고 의견을
받고 큰 것도 필요하다고 그래서 변화를 주니까 그게 맞는 것 같더
라고. 나도 그런 시행착오를 겪으면서 지금 훈련을 구성하고 있어.
그래서 체력은 피지컬 코치들이 전문가이기 때문에 존중하는 편이
지.

Q6. 가장 기억에 남는 피지컬 코치가 있나요?

내가 선수 시절 때 처음 만났던 배명호 선생님이 먼저 기억이 나네. 그분이 어떻게 보면 1세대지. 유럽에서 공부를 많이 하고 오셨거든. 하지만 한국은 피지컬 코치를 받아들이기에 너무 빨랐던 거야. 피지컬 코치는 항상 체력 훈련을 지도하잖아. 누가 좋아 하겠어? 예를 들면 지금이야 코어 운동이 보편적이지만 그때 당시에 나는 그걸 하다가 벌벌 떨면서 죽을 뻔했어(웃음). 그러면서 든 생각이 '아니, 이거 잘한다고 축구를 잘해?' 이렇게 생각해서 선수들이 감독한테 찾아가서 힘들다고 불평불만을 했거든. 그리고 포항에서 헤나토 코치, 자이로 코치, 다음에 플라비오 코치를 만났는데 플라비오 코치가 인상 깊었어. 선수들 파악도 잘하고 심리에도 능하며 분위기에 맞게 워밍업을 재밌게도 하고 단순하게도 하며, 체력 훈련도 긴 거리와 짧은 거리를 복잡적으로 하며 경험이 많은 지도자라 기억에 남고, 2016년도 리우 올림픽 시절 많은 도움을 받기도 했지.

Q7. 감독님은 선수로서 롱런(장수를 의미) 하셨는데 비결이 무엇인가요?

나도 물론 잘 뛰는 선수 중 한 명이었지. 만약 내가 선수 생활할 때 피지컬 코치를 일찍 만났다면 정말 50세까지 축구를 했을거야(웃음). 근데 내가 처음 피지컬 코치를 만났을 때가 30살이 넘었거든. 그 나이쯤 되면 내가 몸 관리를 해오던 방식이 있는데 새로운 피지컬 코치가 와서 내 방식에 변화를 주려고 해서 쉽지 않았어. 예를 들면 나는 체지방이 많은 선수였거든. 한 날 체지방 체크를 하는데 13퍼센트가 나왔을 거야. 그래서 운동 끝나고 항상 조깅을 따로 시키는데 불만이 생겨 파리아스 감독을 찾아갔어. 나는 35살에도 경기장에서 뛸 수 있는 비결이 이 복부 지방이라고(웃음). 물론 지금 생각해보면 더 가볍고 관리를 잘했다면 경기장에서 더 좋은 퍼포먼스를 보였겠지. 지금 이적하는 선수들도 느낄 거야. 포항만큼 관리 잘해 주는 팀 없다고 생각하는데 다른 팀 가면 포항에서의 퍼포먼스만큼 안 나오거든. 그러면서 포항에 있을 때 경기력이 좋았었는데 싶을 거야.

Q8. 그럼 마지막으로 감독님이 생각하실 때 피지컬이 좋은 선수는 어떤 선수인가요?

이건 선수마다 다를 거라고 생각해. 포지션마다도 다를 것이고 그래서 나는 자신이 가진 장점을 잘 활용하고 관리하는 선수라고 생각해. 예를 들면 포항에 팔라시오스 선수가 있었잖아. 그 선수의 장점은 폭발적인 스프린트야. 또 지금 우리 팀에 김종우 선수가 있는데 이 선수의 장점은 지구력이거든. 근데 서로에게 반대 것을 요구하면서 성장시키긴 힘들다고 생각해. 그렇기 때문에 폭발적인 선수들은 더 폭발적인 움직임을 잘할 수 있게 관리하고 지구력이 좋은 선수는 지구력을 유지해 잘 뛸 수 있게 관리하는 것이 중요하다고 생각해. 한 마디로 장점에 맞는 훈련을 함과 동시에 단점을 보완하는 것도 중요하지. 프로 선수가 성장하기 위해서는 피지컬은 필수라고 생각해. 내가 전에 피지컬 코치에게 포르투갈의 호날두 선수가 17세부터 30세까지 외적으로 피지컬이 어떻게 변했는지 그 변천사를 2년 주기로 보여주는 사진을 보면서 우리 퍼포먼스 센터에 붙이자고 이야기를 했거든. 그걸 보면서 어린 선수들에게 자극을 주기 위해서지. 어린 선수일수록 습관을 잘 들이고 성장하는 노력이 필요하다고 생각해.

부록2

현 프로 구단
피지컬 코치에게
묻고 듣는
8문 8답

Q1. 운동선수 출신은 아닌데 코치가 꿈이에요.

한국 운동부 문화 중 독특한 면이 있다면 바로, 선수 출신과 비선수 출신을 나누는 것이다. 많은 비선수 출신들이 축구를 좋아해서 축구 지도자의 꿈을 꾸지만 한국 문화의 벽을 알고 꿈을 포기하는 이들이 많다. 꿈을 포기하고 싶지 않아 해외 진출을 통해 다양한 경험을 쌓고 국내로 돌아와서 지도자의 꿈을 품지만 그 또한 현실적으로 어려움을 겪고 있다. 아무래도 많은 축구 공부를 했다고는 하지만 선수 생활을 포함해 10년 넘게 축구판에 몸 담고 있는 지도자들보다 더 좋은 모습을 보이는 것은 쉽지 않다.

사실 선수 출신들 사이에서도 또 다른 벽이 존재한다. 내가 프로 팀에 오면서 느낀 것 중 하나가 축구인은 프로 선수 생활을 했는가에 대한 여부에 따라서 나뉜다는 점이었다. 그렇기 때문에 프로 선수 출신이 아니라면 큰 차이는 없다고 생각한다. 나도 실업팀 즉, 세미프로 팀에서 은퇴를 했지만 지도자 생활하면서 이것이 나에게 이익을 주는 면은 없다고 생각한다.

대신, 지도자 경험에 대한 기회 제공은 보다 수월했다는 생각이 든다. 그렇기 때문에 비선수 출신이지만 지도자가 꿈이라면 선수 출신들이 가지지 못한 것을 가지기 위한 노력과 도전 정신이 필요하다고 본다.

피지컬 코치도 한 가지 예시로 볼 수 있다. 책에서 봤듯이 생각보다 다양한 공부를 하며 지식과 경험을 쌓아야 한다. 하지만 선수 출신들이 은퇴 후 공부를 하기에는 생각해보다 여유 있지 않다. 그렇기 때문에 일반 기술, 전술 지도자들보다는 수월하게 접근할 수 있는 부분이 바로, 피지컬 코치라고 생각한다.

Q2. 반드시 외국 경험이 있어야 피지컬 코치가 될 수 있나요?

사실 나도 이 부분에 있어서 많은 고민을 했고, 1세대 피지컬 코치들에게 조언과 자문을 구했다. 과거에는 한국에서 피지컬 코치에 대한 개념 자체가 없기에 배울 수 있는 학교 혹은 협회가 없어 해외 유학의 길에 대한 선택을 많이 했다. 그래서 대부분의 1세대 피지컬 코치 선배들을 보면 영국, 독일, 브라질, 일본 등 스포츠 과학이나 축구 강국으로 가서 공부를 한 뒤, 한국에서 일한 케이스들이 대부분이다. 그렇기 때문에 자연스럽게 해외 유학 혹은 해외 경험을 꼭 해야 피지컬 코치가 될 수 있다는 편견이 생겨버린 것이다.

하지만 피지컬 코치가 점차적으로 제도화됨에 따라서 배울 수 있는 길도 많아졌고, 여러 경험을 들을 수 있는 지인 혹은 협회가 생겨나고 있다. 물론 아직까지도 한국의 시스템이 해외의 시스템을 못 따라가는 것은 기정 사실이다. 해외의 시스템은 스포츠 과학을 통해 나온 연구 결과를 현장에 적용시키는 것이 보편화되었지만, 아직까지도 한국은 경험에 의존하기 때문에 아무리 해외에서 좋은 것들을 배워 온들 적용에 있어서 한계점을 느낄 수 있다.

본인의 견해에 따라 다르겠지만 한국에서 지도자 생활을 하고 싶다면 한국에서 공부를 하면서 현장 경험을 쌓는 것을 추천하겠다.

Q3. 어느 대학, 대학원, 어느 과를 가면 좋을까요?

나도 마찬가지로 이런 고민을 했다. 19살 대학 진학 시기에는 지도자 선생님들이 권유하는 대학을 갔지만, 군대를 다녀온 이후에는 직접 모든 것을 찾아보고 비교하면서 당시 상황에서 최선의 선택을 했다고 생각한다. 아직도 피지컬 코치에게 학력이 중요한가에 대한 질문은 많은 논쟁거리 중 하나이다. 왜냐하면 이론과 현장의 차이는 존재하기 때문이다. 학교를 통해 공부하는 것보다 현장에서 부딪히면서 배우는 것이 훨씬 도움 된다는 의견들이 존재한다. 물론 나도 현장에 있으면서 '이론과 현장은 다르구나'를 느끼고 있다. 하지만 나는 어느 대학교이든 어느 대학원이든 크게 중요하지 않다고 생각한다. 하지만 두 가지를 강조하자면 첫째, 학교를 가서 어떤 사람을 만나서 인적 네트워크를 만들 것인가? 둘째, 학위는 시대가 가면 갈수록 반드시 필요할 것이라는 점이다. 일반 코치와 피지컬 코치의 차이는 전문성이다. 전술, 기술 코치들에 비해 인체에 대해 더 많은 지식과 자료들이 존재할 것이다. 하지만 이를 무엇으로 증명할 것인가? 단순히 피지컬 코치의 경력? 일반 코치들도 지도자로서 많은 경험을 통해 이미 이론으로 설명할 순 없지만 현상에 대한 해결책을 가지고 있을 것이다. 그분들과 경쟁하고 차별화를 가지기 위함이 바로, 학위라고 생각한다. 대부분의 해외 유명 프로 팀의 피지컬 코치들 경력을 보면 박사 출신의 학자들이다. 학위를 취득하면서 현장에서 경험을 쌓고 그 자리에 올라온 코치들이 대부분이다. 다른 종목도 마찬가지다. 예를 들면 테니스의 황제 페더러 선수의 개인 피트니스 코치는 운동 제어, 운동 학습 분야 박사 출신의 교수이다.

현장에서 지도자들과 선수들이 피지컬 코치에게 어디 대학교에서 어떤 공부를 했는지 물어볼 가능성은 1퍼센트 정도밖에 되지 않는다. 그래서 나는 어느 대학교, 어느 대학원, 어떤 학과에서 공부하는지에 대한 중요도보다는 거기서 쌓는 경험들이 본인들의 지도자 길에 어떤 도움을 줄 수 있을지 또, 공부에 대한 길을 놓치지 않는 것을 고민을 해보는 것이 더 중요하다고 생각한다.

Q4. 코치님은 어떻게 현역 군 생활 이후 다시 축구선수의 길을 걸으셨나요?

입대 지원을 했을 때는 이제 축구를 그만하고 전역 후에는 공부에 전념하고 싶다는 마음으로 입대를 했다. 군 생활을 해본 이들은 전역 전 사회에 나가서 무엇을 할지에 대한 얼마나 많은 고민을 하는지 공감할 것이다. 나도 그 시기에 전역을 하고 '축구계에 계속 종사하기 위해서는 내가 선수 경험을 더 해보는 것이 도움 되지 않을까?'라는 생각을 했다. 그때부터 전역 전까지 최대한 시간을 활용하여 몸을 만들었다. 내가 공수부대에서 군 생활을 했기에 운동할 수 있는 환경이나 자극제는 정말 많았던 것도 한편으로는 행운이라고 생각한다. 무식하게 운동을 하기도 했고, 공부했던 것들을 토대로 나에게 적용시키기도 했다. 한마디로 내 스스로에게 부상 없이 몸을 올리기 위한 체계적인 방법을 구축해서 실험해본 것이다. 2년의 공백기를 가지고 다시 현역 선수로 복귀한다는 것은 쉽지만은 않다. 노력과 끈기 그리고 운도 필요하다. 하지만 투자하는 시간만큼 돌아오는 것도 배우는 것도 확실히 있을 것이다.

Q5. 어린 코치에 대한 애로 사항이 없나요?

내가 알기로는 20대에 프로 구단에서 지도자로 활동하는 경우는 극히 드문 일이다. 보통 프로 구단 지도자들의 일반적인 루트는 늦은 나이까지 선수 생활을 하다가 은퇴 후 지도자 경험을 유소년 팀에서 쌓은 후 올라오는 사례가 보편적이다. 하지만 전문성을 인정받고 20대부터 시작한 내 경우는 기존의 방식이나 사례와는 다소 다르다. 그렇기 때문에 애로 사항이 없다고 하면 거짓말이다. 지도자와 선수 간에는 명백한 입장의 차이가 존재한다. 하지만 한국은 나이가 어리다는 이유로 서로 불편함을 가지는 것은 기정 사실이다. 선수들이 더 편하게 생각한다. 그래도 그것을 또 장점으로 승화해서 더 소통하는 지도자로 보일 수 있다.

같이 일하는 스태프 간에서도 불편함은 확실히 있다. 프로 구단 지도자 평균 연령을 생각해보면 40대이다. 나와는 적어도 띠동갑 차이가 난다는 것이다. 그렇기 때문에 처세에 대한 부분도 등한시할 수 없다. 아버지가 직원을 뽑을 때 관점을 보면 아무리 능력이 좋은 젊은 직원이 와도 아직까지는 아들 같이 느껴진다고 하셨다. 아버지가 그 직원을 뽑을 때 바라는 것은 능력도 능력이지만 젊은 나이의 패기와 성실함을 원한다고 하셨다. 이 점을 나도 일할 때 참고하는 바이다.

Q6. 피지컬 코치의 근무 여건은 어떤 편인가요?

제일 많이들 묻는 부분이 바로 일에 대한 처우이다. 사실 프로 구단 지도자의 근무 시간은 팀마다 매우 다르다. 감독의 성향이나 환경에 따라 다르다. 하지만 하나 확실한 것은 일반 직장인들에 비해 많이 일하는 게 사실이다. 대부분의 경기 일정은 주말로 잡혀 있다. 평균 연간 40경기로 잡았을 때 52주 중 40주의 주말은 경기로 보낼 것이다. 남은 12주의 8주 이상은 동계 훈련으로 타지에 있을 가능성이 높다. 그렇기 때문에 이 직업을 선택하기 전 본인이 원하는 삶과 맞는지에 대한 고민은 충분히 했으면 좋겠다.

급여에 대한 질문들도 많이들 하는 편이다. 사실 지도자들마다 급여는 천차만별이고 팀 혹은 국가마다 다르다. 나를 기준으로 두자면 내 또래 중에서는 낮은 편은 아니라고 생각한다.

개인적인 장점이라 생각하면 식사이다. 선수들이 먹는 좋은 식단을 지도자들도 같이 생활하면서 먹기 때문에 영양적으로 걱정할 필요는 없다고 생각한다.

그럼에도 불구하고 이 직업의 큰 단점이라고 한다면 안정성이다. 일단 비정규직이며 성적에 따라 급작스럽게 직장을 잃을 수도 있다.

Q7. 피지컬 코치로 일하면서 가장 보람된 순간과 포기하고 싶은 순간이 있다면?

가장 보람된 순간이 있다면 두 가지 기억이 크다. 경기장에 있으면서 서포터즈 응원 소리를 들을 때마다 소름이 돋는 편이다. 그들의 열정을 보면 내가 선수들을 훈련시킬 때보다 더 큰 열정을 보여준다. 물론 선수들을 응원하는 함성이겠지만 내게도 큰 동기부여가 된다. 두 번째는 대표팀에서 일할 때이다. 지인들과 이야기할 때 자주 하는 농담이 있다. 군 생활 21개월 동안 애국가를 부를 때마다 애국심보다는 수면에 대한 욕구 충족이 더 컸다. 하지만 국제대회에서 애국가를 부를 때는 나도 모르는 감정들이 마구 솟았다. 그때마다 내가 피지컬 코치로 일을 함으로써 태극마크를 가슴에 달고 대한민국의 대표로서 일한 것에 대한 뿌듯함을 느꼈다.

포기하고 싶은 순간은 아직까지 없다. 내 성향상 도전적인 면이 강하고 긍정적인 편이라 스트레스를 잘 안 받기 때문이다.

Q8. 여성 피지컬 코치도 가능할까요?

성별에 대해 큰 차이는 없을 것이라 생각한다. 오히려 여성 선수들을 지도함에 있어서는 남성 피지컬 코치보다는 여성 피지컬 코치가 훨씬 더 인체에 대한 이해와 소통 및 공감을 잘할 것이라고 생각된다. 다른 나라는 모르겠지만 브라질에는 유명 프로 구단 여성 프로 팀의 피트니스 코치도 여성 지도자이고 인정을 많이 받으며 인기를 끌고 있는 것으로 알고 있다.

난 한국 여자 축구의 발전을 위해 여성 피지컬 코치도 하루빨리 현장에서 만나 이야기 나누며 지식과 경험을 공유하고 싶다.

북큐레이션 • 내 자녀가 주도적인 인재가 되도록 돕는 라온북의 책

《피지컬 코치, 축구시장의 판을 바꿔라》와 함께 읽으면 좋은 책. 내 아이를 독립적이고 주체적이며 자존감 높은 사람으로 키우는 부모가 될 수 있습니다.

체대입시의 신

김민중 지음 | 17,000원

우리 아이가 SKY에 합격했다고?
100% 합격하는 체대 입학의 비밀

저자가 지난 17년간 1,000명이 넘는 합격생을 만들어 낸 노하우가 낱낱이 담겨 있다. 단순히 대학을 입학하기 위한 입시 준비가 아닌 목표로 하는 체대에 100% 합격하는 방법과 몇십 대 1의 경쟁률을 뚫는 전략을 제시한다. 공부를 전혀 안 하던 학생도, 모의고사가 9등급이었던 학생도, 실기 준비를 한 번도 안 해본 학생도 원하는 체대에 갈 수 있다. 대한민국 체대입시의 전설이자 넘버원 코치가 말해주는 체대입시생들이 꼭 알아야 하는 합격 노하우 스물다섯 가지와 매해 새롭게 업데이트되는 대학교별 전력 분석법!

뻔한 MZ 말고, 편한 MZ 되기

장소희 지음 | 17,000원
너의 삶은 직장에서 'Burnout'?

힘든 세상에서 인생의 'Fun' out?

《뻔한 MZ 말고, 편한 MZ 되기》의 저자는 본인의 행복을 찾아, 원하는 삶을 살아가기를 꿈꾼다. 장소희 저자가 꿈꾸는 삶의 모습은 그만의 '리미티드 에디션' 인생을 최대한 스스로가 주인공으로 살아가는 것이다. 평범함을 거부하고 남다름을 찾아가는 그녀의 모습을 이 책 속에서 들여다보며, 동시대의 MZ세대가 함께 공감해 보기를 바란다. 이 책《뻔한 MZ 말고, 편한 MZ 되기》는 'MZ'라는 단어의 굴레에 갇힌 젊은 영혼들에게 또 하나의 좋은 모델이 될 수 있을 것으로 기대해 본다.

융합형 미래 인재 키우기

국제 바칼로레아 IB가 답이다

김나윤, 강유경 지음 | 15,000원

입시와 진로는 물론 국제 경쟁력을 가진 아이로 키우기 위한 필독서

IB(International Baccalaureate)는 1968년 비영리 교육재단인 국제 바칼로레아 기구(국제학력인증기구)에서 개발하여 운영하는 국제 표준 교육과정이다. 중국과 인도에서 국제학교 교사로 아이들을 가르치고 있는 두 저자는 이 책에서 IB 교육과정의 모든 것을 소개한다. 아이들은 무엇을 배우고 무엇에 도전하는지, IB 교육이 지금 대한민국에 절대적으로 필요한 이유와 21세기의 새로운 공부법이 될 수밖에 없는 이유 그리고 아이들이 행복하고 즐거워하며 바람직하게 성장하는 공부법이 되는 이유도 아낌없이 소개했다.

완전학습에 이르는 법

학원 혁명

이효정 지음 | 16,000원

지난 100년 교육 방식은 잊어라! 앞으로 10년은 이전과 다른 학습이 펼쳐진다!

이 책은 대형 프랜차이즈 영어학원 강사에서 공부방 원장, 학원 원장을 거쳐 AI 학습 프로그램 사업까지 이룬 저자가 완전학습을 위해 끊임없이 학습법을 연구·개발한 흔적을 담아냈다. '예습, 본 수업, 복습' 3단계로 학생들에게 반복해서 수업하고 메타인지와 하브루타를 도입해 아이들이 직접 설명하는 학습법 그리고 개개인의 특이 사항을 세밀하게 조절할 수 있는 프로그램 설정까지. 더이상의 배움에서 뒤처지는 아이들이 없도록 노력해 이룬 저자의 끈기를 이 책에서 살펴볼 수 있다!